Niels Gerson Lohman

Een rijk alleen

Nijgh & Van Ditmar
Amsterdam 2012

Keizersgracht 3 en 5 zijn doorgebroken grachtenpanden, te groot voor een familie van vier. Er is een souterrain, waarin het kantoor van papa is. Daaronder ligt een 'drijvende kelder', maar ik weet niet precies wat dat betekent. Naast het kantoor is de speelkamer van Beer en mij.

Beer is mijn grote broer. Ik ben Mos Lupin.

In de speelkamer is ook een doucheruimte, achterin, maar niemand komt daar, er staan emmers met lappen. Achter het huis ligt een binnenplaats, waarvan maar zestien tegels van Anna en Sara zijn, dat zijn de buurmeisjes. Op de binnenplaats is het altijd glad met mos, dus je kan er rondjes rijden met je fiets en dan is het fijn slippen.

Op dinsdag eten ze op het kantoor hamburgers met

mayonaise en ketchup en dan mogen we mee-eten. In het kantoor staan postzakken en een machine waar je enveloppen doorheen kan laten vliegen, dan krijgen ze een rode stempel. Dat is best wel spannend.

Over smalle wenteltrappen, die altijd koud zijn, kom je langs de werkkamer van papa, daar mogen we eigenlijk niet komen. In de werkkamer staat een kast met spelletjes, snoep en wasmiddelen, spullen waarover hij stukjes schrijft in de krant. Hij noemt dat gratis reclame. Dat betekent dat hij ervoor zorgt dat merken in de krant staan zonder dat ze hoeven te betalen. In plaats daarvan betalen ze papa. Hij zorgt ervoor dat die merken in de krant komen, maar dan als nieuws en niet als reclame. Soms mogen we snoep uitzoeken, maar de spelletjes moeten we laten staan want die moeten nog op de foto. Er staat ook een grote kartonnen pop van Laurel & Hardy.

Boven de werkkamer is de woonverdieping. Er is een wit deel, met een dik wit kleed, waar we 's ochtends vechten en 's avonds dansjes bedenken op 'Gee, Officer Krupke' uit de *West Side Story*, en een deel met een houten vloer, waar mama kookt en waar we eten, maar dat deel is meer voor de vrienden van papa en mama. En ik hou sowieso niet zo van het meeste eten, behalve van snoepstamppot. Mama zegt dat het zo heet omdat je snoepstamppot alleen in een kommetje mag eten. Ik vermoed dat er helemaal geen snoep in zit, maar voor de zekerheid vind ik het toch lekker.

Het is een heel groot huis, maar toch is het moeilijk om je er te verstoppen.

Vanaf het deel met de houten vloer loopt nog een

witte steile wenteltrap, die uitkomt in de kamer van het grote bed, waar papa en mama slapen. Soms mogen we daar een late film kijken en dan brengt mama ons een bakje chips. Daarnaast is de bibliotheek, de werkkamer van mama, waar ook een dik wit kleed ligt, maar daar spelen we niet zo vaak.

Op de hoogste verdieping slapen Beer en ik samen op een kamer.

Als mama er niet is, vragen we papa of hij ons warme melk met honing en limakoeken met appel en veel boter brengt, dat doet hij dan altijd, want papa kan geen nee zeggen.

Achter de boekenkast in onze kamer ligt een foto met de handtekening van Michael Jackson, die heb ik laten vallen en nu kan ik er niet meer bij. Ik had een keer een hele lange brief naar hem geschreven en toen kreeg ik die foto met een pasje waarop staat dat ik officieel lid ben van de Michael Jackson Fanclub. Beer zegt dat de handtekening niet echt is.

's Avonds bouwen we forten van katoen en dan praten we als soldaten, zonder vijand. Soms gooien we kussens naar elkaar ter versterking, als we in het donker gaten voelen in ons fort. Het balkon van onze kamer kijkt uit op de binnenplaats, dat is ver, dus je moet een beetje over de leuning hangen om helemaal naar beneden te kunnen kijken en dan lijkt het alsof de wereld omhoog valt. Soms staat het wasrek uit en dan kunnen we het mandje voor de geheime post niet gebruiken, dat hangt aan een draadje dat we gespannen hebben tussen het balkon en het dakterras van Anna en Sara.

Wij hebben ook een dakterras, met drie schoorste-
nen. Dat is vreemd, want we hebben maar twee open
haarden. Het is leuk om er steentjes in te gooien. Als
ik een steentje in de eerste schoorsteen gooi en mijn
oor erop leg, dan hoor ik even later papa lachen en 'Au!'
roepen, want de eerste open haard is in zijn werkkamer. Ik gooi liever geen steentjes in de tweede schoorsteen, want die komt uit in de woonkamer en dan
wordt mama boos. In de derde schoorsteen kan ik zo
veel steentjes gooien als ik wil, want niemand weet
waar die uitkomt en er klinkt ook geen 'plok'.

Door de week brengt papa ons naar school in een klein
wit autootje dat we op kunnen tillen als we later groot
zijn. Onderweg stoppen we op de brug bij de Prinsenstraat voor croissants met ham, kaas en sesam.

In het weekend gaan we op zaterdagmiddag naar
het café van oom Tiel. Oom Tiel lijkt op het lachende
meneertje op de doos van het kaartspel *Stap Op*, wat
we nooit gespeeld hebben, al staan we wel vaak op het
punt dat te doen. Beer en ik krijgen 7up en porties
dikke plakken ossenworst met in elke plak een prikkertje. Papa krijgt bier en warme kranten.

De rest van het weekend spelen we meestal lego
op de legotafel die mama via school heeft geregeld,
dat mag eigenlijk niet, maar ze zit in het bestuur. De
legotafel is een ronde tafel met vijf krukjes eraan.
Voor elk krukje ligt een grondplaat om op te bouwen.
In het midden staat de graaibak en in de hoek van de
woonkamer staan een paar extra bakken. We hebben
vriendjes die alles sorteren, op kleur of grootte. Wij

sorteren niet, want we houden van het graaien. Als je lang genoeg graait dan blijven de kleine steentjes die je zoekt tussen je vingers steken. Als we iets niet kunnen vinden dan graaien we voor elkaar. We hebben eigen woorden voor de steentjes bedacht, zoals een *eetje* en *liplopje* of een *dikke zesdrie*. Beer bouwt niet op kleur. Ik wel, dus ik ben lang aan het graaien en Beer graait langer voor mij dan dat hij voor zichzelf bouwt, maar als hij het steentje dat hij vindt voor zichzelf kan gebruiken, dan krijgen we ruzie en dan vechten we op het witte kleed in de werkkamer van mama, want dat doet minder pijn. Beer bouwt grote schepen, vliegtuigen en forten met dikke muren. Ik probeer met zo min mogelijk stenen huizen te maken die zo min mogelijk op huizen lijken. Ik gebruik veel glas en steentjes waarmee dingen kunnen uitklappen.

Als ik later groot ben, dan word ik architect. Beer weet nog niet wat hij wil worden, hij twijfelt tussen uitvinder en sterrenkenner.

Wanneer ik moe ben van lego, dan ga ik op het witte kleed liggen, voor de stereo, en lees ik het turkooizen boek van Anne Frank. Mama heeft het voor me gekocht. Op de achterkant van het boek is een foto van een raampje in een trein met prikkeldraad ervoor en er kijken twee mensen naar buiten. Ze houden het prikkeldraad stevig vast. Ik zet 'Gone Too Soon' van Michael Jacksons cd *Dangerous* op, of dat andere nummer van de cd dat ik nooit kan vinden omdat het na kerkmuziek komt, want de knop om door te spoelen is kapot en ik vergeet de titel altijd. Bij 'Gone Too Soon' moet ik vaak huilen vanwege de foto op het boek. Als ik niet moet huilen dan doe ik mijn best dat toch te doen, want het is heel erg wat er toen is gebeurd.

Papa heeft me een grote warme koptelefoon gegeven om muziek te luisteren, want hij gebruikt hem niet meer. Het rubber van de rechterkant is eraf dus ik kan niet te lang luisteren, want dan krijg ik een rood oor met ruitjes erop.

Papa speelt trompet in een band, dus hij heeft heel veel koptelefoons en microfoons. Ze repeteren 's avonds in onze speelkamer en dan brengen we ze biertjes. Soms willen ze niet gestoord worden, dus we hebben samen met papa een kabelbaan gemaakt. Er kunnen twee biertjes in een mandje dat we langs de regenpijp omlaag takelen, naar de binnenplaats. Als we aan een ander touwtje trekken, dan openen we het kattenluik in de buitendeur naar de speelkamer. Als Bobby de drummer klaar is en hard genoeg op het pedaal met de bel trapt, dan rollen de biertjes door het kattenluik naar binnen en dan is iedereen extra blij dat ze klaar zijn.

Om het weekend gaan we naar het huisje in Blaricum waar papa is opgegroeid. Onderweg naar Blaricum luisteren we altijd naar Snip & Snap en Johnny & Jones. Papa kent alle liedjes uit zijn hoofd en zingt mee. We nemen dan niet ons kleine autootje, maar de rode FSO.

Het huisje heeft maar één verdieping en een gat in het midden, waar een kleine binnentuin is vol spinnen en klaprozen. Door het hele huis liggen rode gladde tegels met ruwe witte voegen. De helft van het huisje is van baksteen, de andere helft van hout en op sommige plekken is het dak van glas, waar licht door komt waarin stof blijft drijven.

Het houten deel was vroeger van de schilder Mondriaan. Onze overgrootvader, Otad, heeft het houten huisje van hem gekocht en op deze plek gezet, want eerst stond het in Bergen. Otad was al dood voordat Beer en ik werden geboren. Otad was ook schilder maar niet zo'n goede als Mondriaan. Als iemand zijn schilderijen wilde kopen werd hij boos op ze als ze niet heel goed wisten waarom ze het schilderij wilden. Otad was vegetariër, maar hij at af en toe een kippetje omdat hij het zulke stomme beesten vond.

In de lente ruikt de hele tuin naar ammoniak, dan is de huisschilder aan het werk, die heel hard praat omdat er iets mis met hem is. Hij heeft een gepaste naam uit twee harde delen, An-ton. Met een brede kwast strijkt hij verse rimpels op het hout, ze schitteren in de zon.

De tuin is soms net een onderzeeër: Beer bestudeert de zonnewijzer en ik klim op de composthoop zodat we onze koers kunnen bepalen.

We steken rietjes door de schutting om het buurmeisje te kunnen bespieden in een gigantische tuin met veel preciezer geknipt gras dan bij ons. Ze draagt altijd witte tenniskleren. Beer heeft blauwe laarzen en die van mij zijn groen. We hebben ook klompen, maar die draag ik liever niet omdat er altijd spinnen in kruipen die er niet meer uit willen.

Ik ben de Ridder van de Trappenberg en Beer is de Ridder van de Tafelberg, zegt mama. Dat zijn heuvels op de hei in de buurt. We zijn op kruistocht door de rabarber, de bleke lavendel die maar niet wil groeien en het moddervijvertje met kikkervisjes die we soms met een stokje proberen te prikken. We zoeken de geheime zolder, waar oma onze opa's verstopte in de oorlog.

Als Beer jarig is, dan gaan we met zijn hele klas in een bus naar Blaricum. Mama haalt grote bakken met piepkleine kipkluifjes. Aan het eind van de dag is de hele tuin gevuld met botjes en om onze monden is het zo rood als het haar van Maurice, die er ook is, al vindt niemand hem echt aardig en zit hij eigenlijk bij mij in de klas, maar mama wil niemand buitensluiten.

Beer krijgt een cadeautje van de klas. Het Game-Boyspelletje dat hij heel graag wil hebben is verstopt in een ballon met confetti waar hij onder moet zitten en iedereen telt af. Maurice is een klier, want hij prikt in de ballon bij negen en hij kent Beer niet eens. Dan vechten we met waterballonnen en zo krijgen we weer schone monden.

Op de terugweg kruipen we, vlak voor we aankomen onder de banken zodat de ouders even denken dat er iets ergs is gebeurd. Ze trappen er altijd in.

De ouders van papa, Moesie en Tata, wonen ook in Blaricum. Ze wonen naast ons huisje in een hoog atelier met lange, smalle ramen.

Moesie haakt gordijnen of een beddensprei met grote gaten erin, of ze naait kussentjes van lavendel, zolang het maar paars of lila is.

Tata filosofeert en doet kaarttrucs die zo ingewikkeld zijn dat tegen de tijd dat hij klaar is, we niet meer weten welke kaart hij had moeten raden. Als Tata praat, maakt hij korte snerpende geluiden met een Duits accent, zodat we altijd opletten. Het klinkt als 'Rats!' en 'Pats!' en soms doet hij trompetten na met zijn wang. 's Avonds vertelt hij verhalen over Kikker en Pad of Sam en Moos. Hij maakt de geluiden van een paard, dan briest hij vanonder zijn dikke witte snor of doet ka-ta-klop met zijn handen.

Beer en Tata kunnen uren filosoferen, vooral over het heelal. Moesie en ik luisteren of praten over het eten. We zeggen niets over het heelal, want we weten er niets van. Soms gluur ik stiekem naar de rimpels op haar gezicht, het zijn net de ruitjes op de huid van een olifant.

Tata is eigenlijk niet mijn echte opa, zegt mama. De echte vader van papa is Ilan, maar die is dood. Ilan zat ook in de reclame, net als papa, of hij was advocaat, dat weet ik eigenlijk niet zeker. Misschien was hij advocaat van de reclamewereld. Of hij maakte reclame voor advocaten. En hij speelde saxofoon, hij had er twee. Die heb ik nu: een sopraan en een C-melody. Papa zegt dat de C-melody een speciale saxofoon is, want de meeste mensen kunnen er niet op spelen, maar ik kan dat wel. Elke ochtend, voordat ik eerst wax en daarna gel in mijn haar doe, blaas ik er twee noten op.

Ilan leerde Moesie, die toen nog Victoria heette, kennen in de oorlog. Ilan kwam bij haar schuilen voor de Duitsers, op de geheime zolder. In de oorlog moesten joodse mensen zich goed verstoppen. Ik denk dat ik een goed joods mens zou zijn geweest, want ik kan mij goed verstoppen. Victoria woonde toen nog bij haar ouders: Theo Lupin en Antoinette. Theo werd door iedereen Otad-de-schilder genoemd, net zoals Anton-de-schilder.

Otad had een woonwagen waarmee hij in de zomer door de wereld trok om die wereld om hem heen te schilderen. Mama zegt dat Otad er nooit helemaal uit is gekomen hoe hij nou precies moest schilderen. Soms zette hij alleen maar stipjes of juist alleen gekleurde vlakken, maar meestal schilderde hij gewoon bomen. Op al zijn schilderijen is een vaag, meestal rood lijntje in de lucht te vinden, dat een beetje door bomen en over daken fladdert, als een verdwaalde ader. Beer en ik vragen ons af waar die ader voor is. Misschien is het de weg naar de zolder waar Ilan en Tata zich verstopten. Mama denkt dat het iets te maken heeft met Otads vrouw, Antoinette, want zij is gestorven toen ze nog niet zo oud was. In Blaricum hangt, boven de deur naar de tuin, een dromerige schets van haar gezicht.

Ilan en Victoria kregen twee kinderen: Mynck en Alexander, mijn vader. Mynck is nu fotograaf. Hij woont met zijn vrouw en een vogeltje in een vallei in Wales, maar er is een park voor windmolens naar hun vallei onderweg, dus ze moeten misschien verhuizen. Papa zegt dat het ironisch is, omdat Mynck het altijd zo graag over windmolens heeft en ze nu in zijn vallei komen wonen.

In het weekend ging Ilan stiekem naar Amsterdam om zich bij een andere vrouw te verstoppen. Toen Victoria erachter kwam, mocht hij niet meer bij haar terugkomen.

Alexander en Mynck bleven bij Victoria op zolder en ze aten alleen suikerbieten. Ik heb ook een keer een suikerbiet gegeten en ze zijn erg lekker, dus ik begrijp wel dat de jongens bij hun moeder bleven.

Daarna kwam Tata bij Victoria schuilen voor de Duitsers, maar als ik hem ernaar vraag, dan zegt hij dat hij gewoon liever niet met ze gezien wilde worden. Dat vind ik erg deftig van hem.

Tata verkoopt horlogebandjes en aandelen. Mama zegt dat hij een salonsocialist is en praatjes verkoopt. Hij zit het grootste deel van de tijd met mensen te praten in het atelier van Otad. Moesie zit naast hem en eet de gemberkoekjes die de bezoekers voor ze meenemen. Soms, maar dan moeten de mensen wel familie zijn, biedt ze hun een van haar gehaakte lappen aan, voor over de stoel of als gordijn. Thuis hebben we een kast met van die lappen, waarmee we het huis versieren als Moesie en Tata langskomen om te laten zien dat we ze mooi vinden.

Moesie en Tata kregen ook twee kinderen: Ernst en Rosa.

Ernst is mijn lievelingsoom, want hij is avonturier. Hij heeft de naam die Tata in de oorlog gebruikte om niet gevonden te worden. Mensen komen naar Ernst als ze een avontuur willen beleven. Dan bedenkt hij dat voor ze. Hij zegt: 'Ik maak avonturen op maat.' Hij verdient er veel geld mee, want mensen betalen graag om een avontuur te beleven. Daarom noemt hij het 'duur verdwalen'.

Ernst heeft altijd een opklapbaar mes aan zijn riem

hangen. Soms gaan zijn avonturen mis. Met zijn jeep zat hij een keer vast midden in een wilde rivier en hij had alleen nog een blikje cola over. Dat colablikje staat nu naast zijn bed, tussen flesjes met zand die hij heeft meegenomen uit alle woestijnen van de wereld.

Soms moet hij in de Sahara een motor testen voor een bepaald merk, maar dat doet hij liever niet omdat hij de cactussen daar niet vertrouwt, eentje heeft hem een keer geprikt en toen moest hij nog de halve Sahara door rijden met de naalden van een cactus in zijn hand. Als hij ergens een cactus tegenkomt, dan cirkelt hij er als een bedreigde cowboy omheen.

Toen Ernst jong was, jatte hij een keer een brommer, dus Moesie en Tata stuurden hem naar kostschool in Zwitserland. Hij stal die brommer niet omdat hij graag dingen stal, maar omdat hij brommers mooi vond. Op de kostschool werd hij verliefd op een van zijn leraressen. Omdat hij haar zwanger maakte, haalden Moesie en Tata haar naar Nederland en stopten haar in een huis naast het atelier.

Rosa woont in Amerika. Van haar weet ik niet zo veel, behalve dat ze vaak trouwt en in New York woont. Ze werkt als makelaar, net als haar huidige man. Hiervoor was ze met een rabbijn, daarvoor met een detective, daarvoor met een gynaecoloog en daar weer voor met iemand die zich uitgaf voor gynaecoloog.

Moesie en Tata probeerden een extra 'n' achter de naam van de vier kinderen met de verschillende vaders te plakken, om ze extra Duits te laten klinken: Lupinn. Omdat Victoria niet was getrouwd hadden alle kinderen de achternaam van hun moeder. De ambtenaar van de burgerlijke stand vond dat eigenlijk niets, dus hij werkte maar voor de helft mee: hij gaf alleen een extra 'n' aan Rosa en Ernst. Papa en Mynck moesten daardoor meer binnen blijven dan Rosa en Ernst, zodat ook niemand naar hun naam zou vragen.

Rosa en Ernst houden van bergen, motors en andere dingen die je buiten tegenkomt. Papa en Mynck, die ook iets bleker zijn dan Rosa en Ernst, komen de dingen liever binnen tegen. Volgens mij houden ze helemaal niet van bewegen. Ze zitten het liefst zo stil mogelijk en spelen met hun vingers, op een typemachine, een trompet of op een fotocamera.

Soms als we in Blaricum zijn, klimt papa de zolder op om trompet te spelen. Alleen als je je oor tegen het hout van de muur legt, kun je het horen, overal in het huis.

We gaan naar Frankrijk, dat doen we elke zomer. Als we van het vliegtuig komen, moeten we eerst de Peugeot ophalen. De Peugeot staat verstopt in een garage in Nice, onder een donkerbruine hoes bedekt met een dikke laag stof.

Eerst komen de velgen onder het donkere pakket tevoorschijn, als dinosaurus-tenen, opgekruld in een winterslaap. We vragen ons schuldig af of het monster nog wel wil dit jaar. Het schudt zijn luie billen als Beer en ik erin springen en papa nog om het monster cirkelt met een hand om zijn kin en een hand krabbend aan zijn achterhoofd. We willen niet weten wat hij doet en waar hij de geheimzinnige drankjes en vieze vingers vandaan haalt om het monster tot leven te porren, het is een soort geheim waar we niet bij horen. Beer en ik hebben een andere taak. We moeten van binnenuit het dak eraf halen. Het is een groot dof doek dat aan de voorruit vastzit met metalen haken die lijken op de kippenvleugeltjes die we op de verjaardag van Beer altijd eten. Langzaam vouwen we het doek naar achter, want de zilveren ribbetjes die het dak vormen mogen niet breken, en met honderd drukknoopjes zetten we het gevouwen geheel vast op de achterklep. Beer zorgt dat alles past en ik druk de knoopjes zo snel mogelijk vast. Dan bromt het monster eindelijk weer en trekt papa aan de grote hendels die uit het stuur van het beest steken.

We glijden de kelder uit, de geuren van nat beton, zonnebrand en vissenvel tegemoet. Mama zegt dat ze blij zal zijn als we de stad uit zijn, ze houdt niet van de geur van Nice. Ik hou er wel van, bij die geur krijg ik zin in mijn eerste glas muntsiroop, wat ik alleen in Frankrijk drink.

We slingeren in de Peugeot 404 Cabriolet langs het meer van het verdronken dorp met de trapbootjes. Papa zegt dat als je op de juiste plek zwemt, precies in het midden van het meer, de kerktoren je voeten kietelt. Uit het dashboard haalt hij grote zonnebrillen met dikke colakleurige monturen die we alleen in de auto mogen dragen.

We gaan naar het vakantiehuis van Moesie en Tata in Fayence.

Alexander stuurt het monster in de richting van de enorme lindeboom die als enige in de omgeving perfect rond is en thee geeft waarvan we in slaap vallen. De boom staat hoog op een berg die verdeeld is in terrassen, we komen er door in een halve maan langzaam omhoog te rijden, langs het brievenbusje, het huisje waarin het reservehart van de Peugeot staat, dat gevuld is met stro en vogelnestjes, en langs de stenen tafel op de rots waarover altijd ruzie wordt gemaakt omdat de buren ook denken dat die van hen is. Beer en ik gaan er weleens picknicken, maar soms staan er wijnglazen en puntmutsservetten op de stenen tafel en dan moeten we ergens anders naartoe, want de buren gebruiken de plek ook voor hun restaurant.

Op het terras onder de lindeboom groeien abrikozen en perziken, daaronder vijgen en olijven, die Moesie plukt. Ze laat ze persen zodat de garage zich vult met Perrierflessen vol troebele olijfolie. De auto past er niet meer bij, dus we parkeren hem onder de lindeboom. Mama vindt het onhandig, maar papa moet erom grinniken en zegt dat olijfolie heilig is.

Het huisje achter de lindeboom bestaat uit twee delen: de oude boerderij en het deel dat Tata heeft ontworpen, maar Tata is klein en eigenwijs, dus papa stoot er vaak zijn hoofd en mama maakt zo nu en dan een doodsmak op de trappen.

In de oude boerderij is een buitenkeuken en een washok. In de buitenkeuken zit Tata aan de grote ronde tafel van steen. Hij legt ons zijn kaarttrucs uit. Zijn handen vegen over de kaarten en hij zegt: '*Nutus, nomen, dedit, cokus!*' Dat zijn de geheime woorden die we moeten leren om de truc te kunnen doen. Mama maakt mijn lievelingstomatensoep en bakt stokbrood in een piepklein oventje waaraan we ons allemaal wel een keer gebrand hebben. Boven de buitenkeuken groeien fijne druifjes, en, totdat ze rood zijn, dikke wespen. Moesie draait rondjes in de buitenkeuken, ze telt de vorken aan de muur en vult zakjes met lavendel.

Het washok is de enige koele plek van de berg. Op de vloer liggen rode tegeltjes. Er staan grote witte dozen waspoeder, flessen muntsiroop (voor mij) en Orangina (voor Beer). Aan de muur hangen houten skispullen van voor de oorlog, en er is een douche die ik liever niet gebruik omdat er zwarte piesbeesten in liggen die zuur ruiken en opeens krullen als het water erop valt.

Vorige zomer hebben we in de wasbak naast de douche een dierenziekenhuis gebouwd. We hadden de bak gevuld met een fijne combinatie watten, geel gras en lavendel. Sprinkhaan en Vlinder waren de patiënten. Vlinder werd snel weer beter, vlinders zijn makkelijk, maar Sprinkhaan niet. Op een ochtend vond ik een stroompje mieren op weg naar de wasbak. Ik riep Beer, hij zei dat het geen goed teken was en probeerde ze om te leiden met een spoor van chipjes, terwijl ik een schoon watje onder Sprinkhaan legde, want er kwam bruin, plakkerig spul uit hem.

Aan de rechterkant van het huis loopt een trapje omhoog, dat uitkomt in de tunnel van Pad, hij is giftig, wel honderd jaar en woont tussen de kapotte opblaasboten en opblaaskrokodillen, die papa voor ons pakt. Links naast het huis staat de stenen barbecue, die net zo oud is als Pad, en alleen papa kan hem aansteken. We bakken er worstjes op, maar pas als we met een nagelschaartje tijm hebben geplukt, hoog op de berg, bij de ruïne, waar wilde zwijnen komen en rare zoemers ons prikken. We komen altijd terug met rode striemen van de distels, maar met zakken tijm die zo lekker ruiken dat we ze naast ons bed leggen als we gaan slapen.

Tegenover de barbecue staat een tafel op een terras met hoge randen, vroeger was dat terras een drinkbak voor varkens en koeien. Daar eten we en zitten papa en mama tot laat met Amerikaanse vrienden en buren die van de rand in het zwembad springen. Rond het zwembad staan beelden van kalk en een zonnewijzer die we wel kunnen lezen maar die niet meer klopt omdat de wereld is veranderd. Soms zit er een wespennest in een van de beelden, maar dat is niet zo gek want in alles hier zit weleens een wespennest.

Als je voor de tunnel van Pad naar rechts gaat, drie stappen omhoog, dan is er nog een stenen tafel waar mama 's nachts alleen zit, met een glas witte wijn en Bach-muziek. Ze roept ons er weleens bij. Tussen de nummers door klinkt het olijfhout van de kralengordijnen in de wind, als een kleine waterval, en de krekels zitten in een onzichtbare arena eromheen, ze fluisteren ineengedoken alsof ze een geheim verdedigen. Mama fluistert dan ook altijd, dat we moeten luisteren. Soms huilt ze een klein beetje. Als Beer en ik vragen waarom, zegt ze dat ze moe is van het huis.

Overdag zit papa aan de kant van het huis dat Tata heeft ontworpen, voor de garage gevuld met olijfolie, gebogen over een grote elektrische piano, met zijn knieën uit elkaar en zijn ellebogen dicht bij zijn ribben. Hij speelt de blues. Er zitten donkere glazen in zijn ronde bril. Om hem heen geven wij de afrikaantjes en de lavendel water. Er zit een pistool aan de slang, dus we vechten erom: soms sta ik op de slang als ik vind dat het mijn beurt is, soms spuit Beer hard op de grond als hij vindt dat het mijn beurt nog niet is en dan spat de hete aarde hoog op, dat ruikt lekker.

In het deel van Tata zijn nog drie keukens. Ze hebben allemaal een piepklein oventje en één of twee gaspitten, dus soms, als er gasten zijn, moet mama alle keukens tegelijk gebruiken. Elke keuken heeft een speciaal servies dat niet in de andere keukens gebruikt mag worden, dat vindt Moesie belangrijk. Ik hou van het servies in de buitenkeuken, want daarop staan tekeningen van de grachten. Op het eierdopje staat onze gracht, de Keizersgracht. Er is ook een afwasmachine, maar het servies in de keuken waar die staat, mag daar niet in. Als Moesie er is, dan smokkelen we het servies van keuken naar keuken. Als mama en papa ons betrappen zegt papa: 'Dat zal Moesie niet leuk vinden!' en dan moet mama ontzettend hard lachen.

Mama is jarig in de zomer: Beer en ik maken een groot boek met een verhaal dat we 's ochtends aan haar geven. We werken heel hard, soms wel een week achter elkaar. Samen maken we het verhaal en we tekenen de pagina's om en om, maar ik vind mijn tekeningen beter en Beer vindt zijn verhalen beter, dus soms eindigt hetzelfde verhaal in twee boeken, één met een groene en één met een rode kaft. We studeren ook een lied in dat we 's middags met papa zingen.

Dit jaar doen we 'De trappelzak-boogie'.

's Avonds eten we chic in een restaurant dat aan een steile weg omhoog ligt, in een stenen grot. We eten vissoep en eend. Ik hou niet van vis, maar mama zegt dat er geen vis in vissoep zit, dus ik vind het lekker.

'Er zijn wel duizend keukens in het huis, maar je kunt nergens fatsoenlijk koken,' zucht mama als we gaan zitten. Papa grinnikt. Hij heeft een raar hoedje op zijn hoofd en drinkt geen bier, maar witte wijn gemengd met spa. We dragen onze gestreepte rode dansbroeken, want daarna dansen we op het plein, op de muziek van een band waarin alle mannen snorren hebben. Een van de snorren blaast op een grote gouden tuba waaraan witte, blauwe en rode linten hangen. Normaal als er een band speelt, neemt papa zijn trompet mee om als verrassing mee te doen. Ik vraag hem waarom hij zijn trompet nu niet bij zich heeft. Papa zegt dat hij vanavond hier is om met zijn vrouw te dansen en wijst naar mama, maar mama danst met Beer. We dansen om en om met haar, soms met zijn drieën. Papa danst niet mee, hij knikt ons goedkeurend toe en praat met de anderen die langs de dansvloer zitten.

Onderweg naar huis vraagt Beer aan papa waarom hij niet danst, maar hij geeft geen antwoord.

Mama zegt: 'Je vader danst niet op alle muziek.'

Ik vraag of hij op Michael Jackson zou dansen, en hij schudt lachend van nee.

Mama moet niet lachen, ze draait haar hoofd naar hem toe, hij kijkt voor zich uit omdat hij rijdt. Dan roept hij: 'Jongens, kijk, de paashaas!'

In het licht van de koplampen duiken konijnen weg, de bosjes in.

Als het Pasen is dan doet papa lange sokken over zijn oren en wikkelt zich in een kimono. Hij zet een donkere zonnebril op en zegt dat hij de paashaas is. Papa is de jazz-paashaas.

Maar mama kijkt niet naar de konijnen. Ik kijk naar Beer, hij kijkt ook niet naar de konijnen, maar star de nacht in. Als hij zo kijkt, dan is hij boos en ik weet waarom: papa danst niet op Michael Jackson.

Als we terug zijn op de berg is het al laat, maar we mogen opblijven, want oom Ronnie komt nog even langs, hij woont in een vallei in de buurt en is een oude vriend van mama. Hij zit tot laat aan de grote ronde tafel met mama en een fles champagne. Hij pakt met twee handen haar hand vast. Hij kijkt haar lang aan en huilt een beetje.

Mama zegt dat Ronnie niet van kinderen houdt. Maar dat is niet waar, want wij vinden hem geweldig. Hij heeft onderkinnen die we proberen op te tillen omdat papa zegt dat er hele kleine schatten begraven kunnen liggen, want Ronnie is schatrijk, hij weet alles van geld en is de directeur van een bank in New York. Omdat we te lang door zijn onderkinnen graven, gromt oom Ronnie dat we naar bed moeten. Mama zegt dat zij dat wel bepaalt en Ronnie krijgt een rood gezicht. Dan probeert hij papa naar bed te krijgen, dat is makkelijker want papa slaapt het liefst altijd.

Oom Ronnie is alleen. Lang geleden heeft een inbreker zijn vrouw vermoord. Daarom huilt hij soms bij mama. Dat vind ik zielig, maar ook een beetje gek, want papa huilt nooit. Oude mensen huilen niet, dat hoort niet. En oom Ronnie is veel ouder dan papa.

Dit jaar gaan we weer naar het Jazzfestival in Nice. Als we wakker worden rennen we meteen naar het grote bed en we roepen: 'Het mannetje, het mannetje!' In het begin weet papa nooit waar we het over hebben. Dan maakt hij heel veel rimpels, wrijft in zijn ogen en zet zijn bril op. Mama's arm komt tevoorschijn aan de andere kant van het bed, drukt op het knopje van de waterkoker ernaast en verdwijnt weer onder de dekens. Ze drinkt elke dag een liter thee voordat ze opstaat.

Onder het grote bed is een klein kastje met een beeldscherm waaraan een toetsenbord vastzit. Het heet Minitel. Papa moet er een halfuur op tikken en dan is er een mannetje, gemaakt van getallen en tekens, dat vrolijk drumt. Zijn hoofd gaat van links naar rechts en zijn voet gaat van boven naar beneden. Papa moet altijd lachen, hij vindt het net zo leuk als wij, hij wijst op het mannetje en zegt: 'Dat is Bobby!' Papa heeft de Minitel speciaal gekocht om het programma van het festival te kunnen zien. Zo weet hij als eerste wanneer een band afzegt. Dat is belangrijk, want hij moet over het festival schrijven in de krant.

Het jazzfestival is in een park met olijvenbomen en oude stapels stenen zoals bij ons op de heuvel. Er zitten allemaal gaatjes en openingen tussen de stenen, dat maakt ze zo leuk, maar je kan er ook hard op vallen. Overal hangen lampionnen, er hangen altijd wel ergens lampionnen als we wat gaan vieren. Ze hangen in de bomen en tussen de stenen, ze hangen op de beste plekken, dus als we er te dichtbij komen moeten we ze delen met de beestjes.

Aan de rand van het park staan lange smalle barbecues met stokjes kip waarachter dikke vrouwen heen-en-weer lopen om ze te draaien, en grote ronde platen met gele rijst, uien en tomatensaus. We eten het uit overvolle plastic bakjes.

Bij de ingang hebben we papa gedag gezegd, maar we hebben verrekijkers bij ons om hem toch te kunnen zien. Hij staat achter bij de artiesten met een biertje en een verrekijker, in een overhemd met roze en witte streepjes dat hem heel mager maakt. Papa kletst met Bobby en lacht de hele tijd, maar we kunnen zien dat hij niet hardop lacht. Er staan dikke zwarte meneren om hen heen, die wel hardop lachen en papa stevig op zijn rug slaan. Er zijn ook witte meneren bij, ze hebben meestal grote zonnebrillen op en ze lachen niet, maar kijken naar beneden met een denkend hoofd dat soms heen-en-weer gaat op de muziek in een ander ritme dan waar Beer en ik op dansen. Met een hand ondersteunen ze de elleboog van hun andere arm en leunen met hun voorhoofd tegen het mondstuk van het instrument dat ze vasthouden, zodat er grappige afdrukjes op komen te staan. Met de verrekijker kun je die nog net zien. Soms zeggen ze iets tegen papa zonder op te kijken.

Mama gaat ook even naar achter en ze omhelzen haar allemaal. Ze blazen hun wangen zo bol mogelijk en mama geeft ieder er drie kussen op.

Oom Bobby moet drummen. Papa komt naar ons toe, met een nieuw biertje in zijn hand, om te vertellen dat Bobby heeft beloofd het Minitelmannetje voor ons te doen. Daarna gaat hij terug naar achter het podium. Iets later kijkt Bobby stout onze kant op en stopt even met drummen, doet zijn ellebogen uit elkaar en gooit zijn hoofd in zijn nek. Hij draait zijn hoofd naar de zijkant van het podium, knikt naar mama en blaast zijn wangen bol. Dan gaat hij met zijn voet op en neer en swingt met zijn hoofd van links naar rechts, precies zoals het mannetje doet.

Papa is lang en stil. Mama is klein en driftig. Beer is lang en driftig. Ik ben klein en stil, maar soms spring ik rond als een aapje. Mama zegt dat ik als baby alleen maar huilde en niets at.

Beer en mama maken vaak ruzie. Als ze ruzie maken ruim ik de afwasmachine uit, zodat ze daar geen ruzie over kunnen krijgen. Papa ruimt nooit afwasmachines uit en hij maakt ook geen ruzie. Hij zit stukken te typen of vergadert met klanten. Dat doet hij meestal in een café. Beer en ik maken ook vaak ruzie, maar hij wint omdat ik naar mama ren om te klikken en dan zegt ze dat ik niet zo moet klikken. Ik heb een keer zo hard in Beers billen gebeten dat hij er nu nog een blauwe plek heeft zitten en die gaat nooit meer weg, ik ben er wel trots op, want normaal durf ik Beer geen pijn te doen; daar is hij veel beter in dan ik. Soms, als mama en Beer ruzie hebben, verstop ik me net zolang totdat ze merken dat ik kwijt ben en dan moeten ze wel ophouden met ruzie maken, want anders vinden ze me niet.

Beer gaat nog in Amsterdam naar groep acht, want hij vindt de mensen in Bussum stom. Ik ga hier in Bussum naar groep zes, want daar wonen we nu. Mama zegt dat het huis in Amsterdam te groot voor ons is geworden. Beer staat elke ochtend om zes uur op en heeft twee fietsen, een om naar het station in Bussum te komen en een om van station Zuid-WTC naar school te rijden. Onderweg luistert hij naar Radio 538. Beer heeft op school in Amsterdam elke week een ander vriendinnetje.

Ik ga naar de Katholieke Montessorischool in Bussum. Als je binnenkomt moet je sloffen aantrekken zodat je naar het lokaal toe kan glijden. Op de tafel staat een plantje dat je goed moet verzorgen. De stoere jongens hebben een cactus, want die hoef je niet te verzorgen. Op mijn eerste proefdag werd ik verliefd op een meisje. Ze is de geheime reden dat ik naar deze school ben gegaan. Het probleem was dat ik, toen ik er eenmaal zat, haar niet meer kon vinden. Er waren wel twee meisjes die een beetje op haar leken, maar ik kwam er niet uit wie van hen het was, dus ik gaf het maar op.

Op een dag riep het kleinste meisje van de klas me naar de gang te komen. Ze nam me mee naar het halletje tussen de ingang en de tussendeur, waar we onze voeten moeten vegen als we binnenkomen. Er stonden vijf meisjes tegen de muur geleund, met hun handen achter de rug. Het kleinste meisje vertelde met een snerpende stem dat ze alle vijf, behalve zijzelf, verliefd op me waren, ik moest er één kiezen. Ze zei het op een strenge toon, het was een bevel. Ik dacht na over een manier om te zeggen dat ik liever niet kies, dat kiezen nergens voor nodig is, maar ik deed er te lang over.

In Amsterdam was het makkelijk: verkering kon je ook met de hele klas tegelijk hebben en duurde hooguit een dag.

De meisjes nu waren verontwaardigd dat ik zo veel tijd nodig had om te kiezen, maar de twee die het meest leken op het meisje op wie ik tijdens de proefdag verliefd was geworden waren er ook bij. Dat hielp om de tijd in te halen die ik had verloren door lang na te denken hoe te zeggen dat ik liever niet kies. Ik koos voor het meisje dat in de hoek bij de buitendeur stond. Ze keek naar haar sokken en had een bleek gezicht en vale haren. Ik besefte dat ik, toen ik verliefd op haar was geworden tijdens de proefdag, dat vaal had verward met goud. Ik wees naar haar. Ze keek op, haar gezicht kwam uit de schaduw, en daaraan begreep ik dat zij het was: wat ik voor goud aanzag, was gewoon ontzettend geel.

Ze heet Astrid en ze is Zweeds, van haar rechtervoortand ontbreekt een stukje. Soms verschijnen er rode vlekken op haar keel, die verdwijnen als niemand naar haar kijkt. Het doet me een beetje denken aan toen ik een keer had gegorgeld met een spulletje waarvoor ik allergisch bleek te zijn. Er groeide een dikke pit in mijn keel, waardoor ik bijna niet meer kon ademen, en mijn hele lichaam werd een landkaart. Beer legde toen zijn wereldbol naast me in bed en grapte dat die wereldbol een veel geschiktere broer was.

In de pauze ga ik soms naar huis om een hotdog te eten met extra veel ketchup. Ik ben ook een keer naar Astrid gegaan. Ik at een boterham met komkommer en zij een met pindakaas en komkommer. Daarna speelden we op de Nintendo, ze is niet echt beter dan ik en ik ben slecht, want meestal speelt Beer en dan mag ik alleen kijken. Samen kwamen we niet erg ver.

Op de andere dagen geeft mama me een lunchtrommeltje mee, en dan werk ik samen met mijn vriendje Chris aan een geheime route door het dorp waarbij je de grond niet mag aanraken, maar van boom naar boom moet klimmen. Het lunchtrommeltje maak ik niet open, want er zitten toch boterhammen en rauwkost in en dat lust ik niet. Vlak voordat ik thuiskom kijk ik heel even wat erin zit, want mama vraagt elke middag bij de thee hoe de lunch smaakte. Als de vuilnisbak leeg is, stop ik de inhoud van het lunchtrommeltje diep weg in de zak en leg er een servetje overheen zodat ze het niet vindt. Meestal komt ze er toch wel achter als ze me ernaar vraagt, want ik kan niet goed liegen. Ik had bedacht dat je om te liegen het best zo veel mogelijk kan gapen, want dan lijkt het alsof je ontspannen bent en ontspannen mensen liegen niet. Maar nu moet ik altijd gapen zodra ik probeer te liegen, dus mama heeft het altijd door. Ze zegt dat papa precies hetzelfde doet.

In Amsterdam zaten we elke dag achter in een auto waar we soms uit mochten stappen. Hier in Bussum hebben we fietsen met versnellingen. De stad was klein, maar het dorp is groot. Overal is groen, er zijn alleen maar hockeyclubs. Ik mag op hockey, maar niet op voetbal, mijn ouders vinden dat een ordinaire sport, want de vader van Arthur (de beste vriend van Beer) is bij een wedstrijd van Arthur een keer in elkaar geslagen door een andere (ordinaire) vader. Daarom ben ik mijn eigen voetbalclub begonnen: De Groene Pelikanen. Dat is natuurlijk een vreemde naam, want pelikanen zijn meestal wit of roze, maar als er groen in zit, dan klinkt het niet zo ordinair en komen er ook geen ordinaire vaders op af. Eigenlijk waren we in de eerste lunchpauze na oprichting al ontbonden door de juf omdat ze het niet eerlijk vond dat meisjes niet mee mochten doen. Na die les was de eerste training. Gelukkig herinnerde Chris zich dat onze geheime route door de bomen langs het trainingsgras liep, dus we bedachten een plan om de meisjes onderweg naar training af te schudden. Chris tekende een kaart voor de jongens, maar de meisjes zagen ons tekenen, dus we maakten er een valse kaart van, zodat ze verdwaalden.

De Groene Pelikanen moeten ook een eigen krant krijgen, vindt Beer en hij gaat me helpen. Hij geeft al twee jaar de Nintendokrant uit, waarvan zijn hele klas abonnee is. Hij typt stukjes over verkeringen in de klas of over Nintendospelletjes en knipt die uit, dan plakt hij de stukjes op een lege krant met speciaal plakband dat je na het kopiëren niet meer ziet. De laatste pagina is altijd: 'Hier had uw advertentie kunnen staan, (naam van de vader van iemand). Neem contact op met Beer als u interesse heeft!' Dat was een idee van papa. De Nintendokrant heeft zelfs eigen geld: Beer maakt de briefjes. Hij tekent er een piepklein snorretje van Mario op, daaraan kan je zien dat ze echt zijn.

Beer is beter in computerspelletjes, maar ik kan beter tekenen dan Beer. Mijn tekenleraar heeft harige tenen en harige sandalen. Hij heet Rogier. Als ik een grap maak, dan lacht hij altijd iets te vroeg, alsof hij de grap voor wil zijn. Zijn mondhoeken vouwen zich dan om zijn neus, alsof ze de uiteinden van zijn wenkbrauwen even willen aanraken.

Rogier is heel gezellig. Voordat we gaan tekenen breekt hij kruimelige kano's in tweeën om ze uit te delen bij de kaneelthee met melk en bruine suiker. Bij de thee kijken we altijd even naar Bob Ross op televisie. Rogier doet hem graag na, maar op zo'n manier dat als hij klaar is de sfeer een beetje akelig is geworden en we Bob Ross met andere ogen bekijken. Rogier heeft ook een cd gemaakt, met daarop een erg goed nummer dat klinkt als een Italiaans levenslied, maar eigenlijk somt hij alleen maar automerken op. Het mooiste nummer op de cd gaat zo: 'Ik fantaseer, elke avond voor het slapen gaan, ik fantaseer...' en even later '...soms doe ik het ineens, wel twee keer op een dag, wie gaat me nou vertellen dat dit slecht is en niet mag?' Maar toen ik het in de auto opzette kraaide Beer van het lachen. Hij begon mee te zingen, maar zong in plaats van 'fantaseer' een ander woord dat ik niet ken.

We gaan naar de oom van Astrid die boer is en daar heb ik naar uitgekeken, want Astrid heeft me beloofd dat er balen hooi zijn en daarmee kan je de beste forten bouwen, kussens en kartonnen dozen zijn er niets bij. Maar als we er eenmaal zijn, moeten we eerst lang naar de dieren kijken voordat we naar de hooischuur mogen, waar het donker is en tjokvol spinnen met dunne poten aan een wit lichaampje. Van de balen mogen we geen forten bouwen en elke keer dat ik stiekem een baal verplaats, komen er alleen maar meer spinnen tevoorschijn. Deze spinnen zijn anders dan in de hoek van de douche thuis, daar bewegen ze, precies zoals de spookjes in *Super Mario*: alleen als niemand naar ze kijkt.

Ik wil met Astrid zoenen. Beer heeft erover verteld en het klinkt alsof ik dat moet doen. Ze begrijpt niet zo goed waarom ik mijn arm om haar heen sla. Ook vindt ze de hooibalen maar niets. Ze fluistert 'Wat doe je?' en voor ik het weet vertel ik haar dat Beer heeft gezegd dat je zo met zoenen moet beginnen. Ze staat op en trekt haar spijkerrok omhoog, alsof ik eraan heb gezeten, en zonder me aan te kijken zegt ze dat ze naar huis wil. Volgens mij weet ik hoe ze zich voelt.

Twee jaar geleden ging ik met een vriendinnetje naar het strand en toen we gehurkt zaten te spelen legde ze haar vingers op haar lippen en trok tussen haar benen haar badpak opzij. We waren kleiner toen, dus mijn hoofd zat veel dichter bij de grond dan nu. Van dichtbij zag ik hoe een stroompje plas langzaam een belangrijke bocht van mijn knikkerbaan-kasteel verwoestte.

Dat was erg onbeleefd van haar, maar ik heb het aan niemand verteld.

Mama stampte weg van huis toen ze zestien was. Ze bereidde haar eindexamen voor op een zolderkamertje.

Als ze niet wilde eten, dan moest ze op de trap zitten totdat haar bord leeg was. Daarom hoef ik mijn bord nooit leeg te eten. Als we op vakantie zijn sleept mama me mee naar kerken. Dan wijst ze op de stenen en zegt ze boos: 'Elke steen is een brood dat de mensen niet kregen.' Stokoude kerken zijn dus gebouwd van stokoude broden. Als Beer en ik in een kerk zijn, dan dansen we samen een wals om mama op te vrolijken en daar moet ze hard om lachen.

De moeder van mama komt uit bakkersfamilie Snaar. Als twee Snaren elkaar tegenkomen, al zijn ze aan de andere kant van de wereld, dan roepen ze:

'Door Snaar gebakken, om naar te snakken!' Ook in de oorlog bakten ze nog gewoon brood. Over de oorlog zegt oma: 'Dat van die oorlog, dat weten we nu wel.' Opa en oma zijn katholiek, dus ik denk dat de meeste broden die ze bakten voor de kerken waren. In de oorlog waren er ook joden bij hen thuis, maar oma wil er niet over praten. Ze zegt: 'Ook wij hadden het moeilijk.'

Oma had eigenlijk verpleegster willen worden, maar door de oorlog ging dat niet door. Voordat de oorlog begon was oma verliefd op een soldaat, ze zouden gaan trouwen. Maar na de oorlog was de soldaat verliefd geworden op een andere soldaat, dus oma trouwde met opa. Daar ben ik blij om, want opa is mijn lievelingsopa. Hij filosofeert niet de hele tijd zoals Tata en we hoeven ook geen goocheltrucs en toneelstukjes voor hem op te voeren. Opa en Tata praten anders. Als Tata en opa elkaar zien op een verjaardag, dan schudden ze elkaar plechtig de hand. Tata zegt: 'Hoe maakt u het?' En opa antwoordt: 'Aangenaam.' Tata moet daar altijd om lachen, alsof het grappig is. Opa lacht met hem mee, zodat Tata niet het idee heeft dat hij alleen lacht. Tata noemt de verjaardagstaart een taartje, maar opa zegt gebakje en dat klinkt veel gezelliger. Opa heeft haar dat alleen ik mag aanraken, omdat ik begrijp dat het breken kan. We hebben namelijk precies hetzelfde haar waarin we dezelfde geheime combinatie gel doen. Als iemand ons haar aanraakt, dan is de kans groot dat het breekt.

Opa en oma wonen in een appartement met een tafeltje voor de drank, waarop flessen staan met naamkettinkjes, witte tafeltjes met gouden handvatten en dikke vloerbedekking.

Opa heeft bloemkooloren, een bloemkoolneus en vroeger had hij een broer, Theo, die op zijn handen naar de middenstip van het voetbalveld liep. Opa komt altijd kijken bij hockey en gromt naar de tegenpartij, maar ik weet dat hij, net als ik, liever had gewild dat ik op voetballen was gegaan.

Mama zegt dat ze van huis stampte omdat opa en oma haar mee naar de kerk sleepten. Ik kan dat wel begrijpen: als ik een kerk bij elkaar zou bakken, dan zou ik mijn dochter er ook naartoe slepen om het haar te laten zien. Als het koud was, dan kreeg ze een heet colaflesje in een krant gewikkeld om zich aan te warmen. Het lijkt me fijn om in een groot huis van versgebakken brood te zitten, met een warm colaflesje.

Opa heeft ons ook weleens ergens mee naartoe gesleept. Hij zei dat we uit eten gingen maar er stond 'café' op het uithangbord, dus ik geloofde hem niet en zei dat ik ergens anders wilde eten. Hij werd boos en pakte mijn elleboog tussen duim en wijsvinger alsof het een kippenvleugel was en sleepte me over de Amstelveenseweg. Het was uiteindelijk toch een ander soort café dan die waar papa naartoe gaat. Er lagen geen kranten, maar rode kleedjes op tafel, en in plaats van ossenworst kregen Beer en ik een groot bord met spareribs, frietjes en gekookte worteltjes, wat we allemaal opaten.

In de oorlog blies opa distributiekantoren op, maar de Duitsers pakten hem en toen moest hij naar een kamp. Ik denk dat distributiekantoren grote kamers zijn met daarin allemaal verschillende soorten formulieren die ergens anders naartoe moeten, die kan je vast goed opblazen, want dan fladderen de formulieren in het rond en weet niemand meer precies waar welk formulier naartoe moet.

Oma en opa hebben drie kinderen: Lind (dat is mama), Julia en Yvette.

Julia is dokter in het ziekenhuis en speelt piano. Ze heeft de hele wereld gezien, want ze was vroeger stewardess. Ze zegt vaak dingen in het Italiaans en voor sinterklaas maakt ze de mooiste surprises van iedereen. Julia is de lievelingstante van Beer. Ze maakt elk jaar een surprise voor hem, een pop in de vorm van een vrouw die hij moet versieren. Elk jaar wordt de pop een stukje mooier en moeilijker om te versieren.

Yvette verkoopt gordijnen aan rijke mensen en gaat elk jaar naar Frankrijk om op precies dezelfde plek op het strand te liggen. Voor sinterklaas geeft ze altijd precies wat we op ons verlanglijstje hebben staan en ze heeft een biljarttafel thuis waar Beer en opa op spelen. Opa zegt: 'Krijt op tijd', Beer roept: 'Ach man, schijt', en ik bedien het scorebord.

Oom Bobby en Oom Ronnie genieten aan tafel in de tuin, onder de magnolia. Oom Bobby is in Nederland voor de jazz en oom Ronnie voor zaken. Maar vandaag zijn ze er voor mama, want papa is er niet.

Papa werkt in Amsterdam en soms blijft hij op kantoor slapen.

Oom Bobby drinkt bier, net als papa. Oom Ronnie drinkt wijn, net als mama. Beer en ik drinken Orangina en muntsiroop, net als in Frankrijk. Normaal doen we dat niet in Nederland, Orangina en muntsiroop smaken hier minder lekker, maar normaal zien we oom Bobby en oom Ronnie ook niet in Nederland, ze horen bij Frankrijk.

Bobby doet iets ritmisch met de glazen en oom Ronnie speelt piano op het tafelkleed. Mama rent heen en weer tussen de keuken en de tafel. Soms doen oom Bobby en oom Ronnie alsof ze opstaan om te helpen, maar mama zegt dat ze niet zo gek moeten doen, en dan gaan ze snel weer zitten. Ze zeggen tegen mama dat zij zelf niet zo gek moet doen en aan tafel moet komen omdat olijven zichzelf niet opeten. Beer en ik proberen een olijf te tekenen die zichzelf opeet. Tussen het rennen door blijft mama soms staan en zegt dat we even naar de magnolia moeten kijken, omdat die in bloei staat.

Oom Ronnie en oom Bobby zijn broers, maar geen echte ooms. We noemen ze ooms omdat we ze aardig vinden. Oom Ronnie vertelt over hun ouders, die hun hele leven in hotels hebben gewoond omdat ze van de oorlog hebben geleerd dat je snel moet kunnen vluchten. Beer vraagt hem of dat wel zo slim is, omdat je in een hotel aan het eind de rekening moet betalen en in een huis niet. Oom Bobby moet hard lachen en roffelt met zijn vingers van plezier. Oom Ronnie slaat een zwaar akkoord aan op het tafelkleed en noemt Beer een snotaap.

Oom Bobby wil met mama dansen, maar oom Ronnie wil dat mama aan tafel blijft zitten om een gesprek te voeren over de oorlog. Mama wil niet dansen of over de oorlog praten, ze wil het over papa hebben, want ze weet niet wat ze moet doen.

Oom Bobby neemt ons mee naar de keuken. Hij bindt met een elastiek blikjes op ons hoofd en gebruikt ons als drumstel. Mama blijft met oom Ronnie aan tafel zitten om over papa te praten. Beer en ik kunnen ze zien door het keukenraam. Zij vertelt en gaat met haar vingers over de tekeningen die we hebben gemaakt van de olijven die zichzelf opeten. Als ze praat, praat ze tegen het tafelkleed, aan het einde van elke zin kijkt ze even op. Oom Ronnie prikt met zijn vinger in haar bovenarm. Soms onderbreekt hij haar en prikt in de lucht met zijn duim en wijsvinger in een rondje, alsof hij papa uit Amsterdam terug probeert te plukken.

Onze buurjongen is een pestkop. Hij heet Lucien. Hij heeft een keer iemand in een autoband gestopt en van de glijbaan af laten rollen. Toen we net in Bussum woonden speelden we weleens samen op het schoolplein naast het huis. Hij deed zijn best om me ervan te overtuigen dat skates met remblokjes eraan eigenlijk geen echte skates waren en hielp me zelfs om ze ervan af te halen. Daarna zette hij een onmogelijk parcours voor me uit. Ik viel hard en hij lachte nog harder. Op dat moment kwam Beer langsgefietst en werd woedend. Sindsdien voeren we oorlog met Lucien en gooi ik de inhoud van mijn lunchtrommel bij hem in de tuin, in de boom.

Lucien knipt de pootjes van cavia's af, dus we nemen voor de zekerheid geen cavia's. We kwamen hem een keer in het dorp tegen. Hij fietste langs met een tas van de dierenwinkel aan zijn stuur en vroeg of we iets van hem aan hadden, maar hij had geen mooie kleren aan, dus Beer riep. 'Gelukkig niet!' Lucien reed met zijn fiets tegen ons aan en hield zijn hoofd dicht bij dat van Beer. Met zijn vuist gaf hij zachte vegen langs Beers wang. Waarschijnlijk waren het vegen om te laten zien dat het ook geen vegen hadden kunnen zijn. Beer was niet bang. Hij keek Lucien alleen met kleine ogen aan, vol stille haat.

Beer en ik vochten niet met Lucien, we zetten liever vallen voor hem.

We stonden op het fietspad en veroorzaakten een file, maar iedereen achter ons bleef netjes wachten totdat Lucien klaar was met het uitdelen van vegen. Van achter hem kwam een vrouw aangelopen met strenge lijnen boven haar lippen. Vanuit haar ooghoeken gluurde ze naar Lucien. Ze had een Hematasje bij zich. Omdat ze sneller was gaan lopen toen ze ons in de gaten had, begon het tasje steeds harder te schommelen. Als een kleine welkome bemoeial wikkelde het zich om mijn fietsstuur terwijl ze langs ons liep en raakte in de knoop met mijn versnellingen. Lucien dacht dat de mevrouw zich met ons wilde bemoeien, dus hij maakte zich uit de voeten. De mevrouw worstelde met het plastic tasje om los te komen, maar het bleef achter haar ring steken. Uit paniek trok ze zo hard dat mijn fiets en ik omvielen. De mevrouw had haar ring inmiddels los weten te peuteren en liep snel door. In het tasje vonden we een melkklopper en drie kapotte tompoezen. In de verte hoorden we Lucien lachen om onze valpartij, maar wij hadden tompoezen.

Sinds die dag op het fietspad is er iets met Beer. Soms denk ik dat hij zich schaamt, omdat ik heb gezien dat Lucien hem klappen gaf. Hij doet steeds meer alleen of met vrienden van school. Als hij boos is op mama, lijkt het alsof hij ook boos op mij is, omdat ik geen kant kies. Dan kijkt hij ons aan op dezelfde manier waarop hij naar Lucien keek.

's Avonds zitten we tegenover elkaar aan tafel en verraden elkaar bij mama. Ik vertel dat Beer meisjes meeneemt naar achter de hockeyclub om te zoenen, hij vertelt dat ik heb geprobeerd snoepjes te stelen bij Jamin. We vissen bij mama naar straffen die uitblijven, maar ze kijkt alleen verbaasd naar het verraad.

Na het eten wil Beer geen horrorfilms meer met me kijken (daar zijn we aan verslaafd), maar hij gaat naar zijn kamer en speelt, zonder mijn aanwijzingen, *Donkey Kong* in zijn eentje uit.

Ik lig in het grote bed van papa en mama, waar ik eigenlijk te oud voor ben, mijn neus zit vast in de matras. Mama komt zachtjes op de rand van het bed zitten. Ze vertelt dat ze heel erg nieuws heeft.

Haar jongste zus, Julia, is vannacht met haar auto onder de trein gekomen. De collega die met haar meereed werd tien meter verderop gevonden, zittend op de auto die omgekeerd in de sloot dobberde. Ik zie het voor me, hoe ze daar zat. Haar armen wapperend in de wind, want die waren waarschijnlijk gebroken. Ik weet niet hoe ik moet reageren op mama en kijk niet op, want mijn neus zit nog steeds vast in de matras en ik denk dat mama dat begrijpt. Er kan nu even niets meer grappig zijn, dus moet ik lachen, ik kan er niets aan doen. Ik mag het niet laten zien. Daarom zet ik mijn tanden in het hoeslaken, de eerste poging, met molton erbij, de tweede poging. Het klinkt als rubber, van mijn kaken tot diep in mijn slapen.

Dan gaat de dag verder met hockey en pianoles. De lerares zegt: 'We doen het rustig aan, maar we gaan wel gewoon door.'

Halverwege een stom klassiek nummer stop ik opeens met spelen en loop naar de tuin. Vandaag is alles anders, dus ik moet me ook anders gedragen. Het weer ligt stil, het gaat bijna stormen, dat is een groot gevoel. Ik hou van harde regenbuien in de zomer, maar nog het meest van de momenten vlak ervoor. 'Zie je wel,' zeg ik hardop tegen mezelf, 'ook het weer speelt mee.' Het stormt in de familie.

Op de begrafenis van tante Julia zit ik achter opa uit te vogelen hoe kerkbankjes werken. Als we met mama kerken bekijken, dan durf ik nooit in de bankjes te gaan zitten, want dat is voor mensen die bij de kerk horen. Opa gaat op en neer, ach en wee, op en neer, van het hoofd opgeheven met zijn handen voor zijn ogen, tot zijn hoofd tussen de knieën diep in een zakdoek gedoken, alsof het moet, omdat er aan de andere kant van de wereld iemand precies zo beweegt, maar dan in tegengestelde richting, vanwege iets leuks omdat dat het tegenovergestelde is van pijn.

's Avonds komt een bevriend echtpaar dat vreemd ruikt en die allebei eenzelfde jasje dragen met een zwart-witpatroon dat golft als je staart. Ze zijn klein, serieus, een beetje Chinees maar met grote neuzen. We mogen opblijven als we aan de legotafel werken terwijl papa en mama rode wijn met ze drinken. Het echtpaar praat met zachte stemmen, alsof elk woord teveel is. Ze blazen rook in de lampenkap boven tafel.

Ik ga naar de wc, de deur is niet op slot. Mijn vader zit er in denkhouding en hij merkt me niet meteen op. De bril is omlaag en hij heeft zijn broek nog aan. Terwijl hij opkijkt zie ik dat er een vreemde rode vlek op zijn voorhoofd zit. Hij staat op en wankelt naar me toe, terwijl hij mijn naam vragend herhaalt. Volgens mij wil hij dat ik hem ergens mee help, maar hij is niet op de wc geweest, ik wil hem helemaal niet helpen, ik duik in de jassen onder de kapstok. Mijn vader, die ik altijd eigenlijk alleen maar grapjes heb horen maken is opeens onherkenbaar verward en angstaanjagend.

Gelukkig komt mama, ze jaagt hem driftig de trap op met een denkbeeldige bezem.

Opa ligt in bed en kijkt naar buiten, de overgordijnen zijn open, de glasgordijnen zijn dicht. Zijn rechterhand wuift flauwtjes naar zijn mond. Als oma binnenkomt hoort ze hem zeggen '*far away, far away*', maar opa is geen dromer dus ze schrikt een beetje.

De volgende dag gaan ze naar de tennisclub, want het is een mooie dag. Als ze thuiskomen wrijft hij in zijn handen en zegt tegen zijn vrouw: 'Ha! tijd voor een borreltje!' En oma loopt naar de keuken om een saucijzenbroodje in het oventje te schuiven. Als ze terugkomt, is opa dood. De jonge jenever staat ijskoud bol voor zijn dode neus. Ze blijft even staan, dan kijkt ze naar het saucijzenbroodje op het schoteltje. Ze heeft het in partjes gesneden.

'Die kan ik nu wel weggooien,' ze zegt het nog

hardop. Ze gaat tegenover hem zitten en neemt een stukje. Het schiet door haar hoofd hoe hij nog nooit zelf een vis heeft gefileerd. Hij liet dat voor zich doen. Hoofdschuddend schuifelt ze naar de telefoon en belt haar dochters.

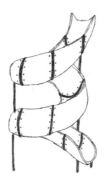

We gaan met mijn vader en een vriendin die we tante Giny moeten noemen naar de Megafestatie, naar een optreden van Dj Paul Elstak.

Beer heeft er speciaal een legerbroek voor gekocht en een T-shirt dat in het donker licht geeft. We mogen op het podium zitten, want als we ervoor zouden staan zou ik er niet bovenuit steken. Elstak staat achter een keyboard met twee danseressen ernaast. Af en toe drukt hij op een toets en gooit zijn handen in de lucht. De danseressen werken het hardst. Dj Paul Elstak heeft een klein snorretje en een bomberjack. Hij ziet er erg tevreden en vriendelijk uit, soms geeft hij ons een knipoog. Het publiek ziet er niet zo vriendelijk uit, maar vanaf het podium maakt dat niet uit.

Met tante Giny en mijn vader zijn we ook een keer

naar Duinrell geweest. We gingen van de beroemde wildwaterglijbaan. Op een foto zit Beer vooraan, kraaiend met zijn handen in de lucht, ik zit erachter met een wat geforceerde lach op mijn gezicht omdat ik weet dat ik moet lachen vanwege de foto. Dan komt Giny, gillend, ook met haar handen in de lucht, en papa is nauwelijks te zien achter haar dikke lijf, behalve zijn twee handjes, geniepig op haar grote borsten.

Aan het eind van de dag gaan we nog even naar het huis van tante Giny. Ze heeft rood, kort piekerig haar en donker tandvlees waar ze vaak haar tong over haalt. We drinken Rivella aan de keukentafel. Om ons heen staan, tot aan het plafond, kasten met videobanden vol horrorfilms die ze heeft opgenomen. Beer en ik klimmen verlekkerd langs de titels. Papa is bescheiden, tenger en een beetje stil. Tante Giny is dik, luid en altijd vrolijk.

Ik ruil mijn Game Boy tegen haar oude computer en oude horrorfilms. Als we thuiskomen wordt mama boos als ze het ontdekt. Ze zegt dat de Game Boy veel meer waard is dan de oude computer, maar dat is helemaal niet waar. Wat weet mama nou van Game Boys.

Ze zegt: 'Typisch iets voor Giny, die opportunist.' Ik vraag wat opportunisten zijn. Ze zegt: 'Opportunisten zijn altijd vrolijk, maar ze gaan over lijken.' Ik vraag me af wat dat betekent: 'over lijken gaan'. Ik stel me voor hoe tante Giny over lijken wandelt, netjes naast elkaar liggende grijze lijken. Opa, tante Julia, buurman Flap die kanker had en nog een paar anonieme lijken met kruisjes in plaats van ogen, zoals in strips. Ik zie haar vrolijk lachen met een flesje Rivella in haar hand, want dat drinkt ze altijd. Het beeld klopt, mama heeft gelijk. Zo herken je een opportunist.

Papa is moe van het heen en weer reizen tussen Amsterdam en Bussum, dus hij heeft een appartement in de stad gehuurd. Hij is alleen in het weekend nog thuis, maar dat zijn maar een paar weekenden. Uiteindelijk blijft hij weg. Hij zegt: 'Ik kan gewoon niet zonder de stad, ik heb de grachten nodig. Daar is mijn werk, daar zijn mijn vrienden.'

Op de laatste nacht komt hij mijn kamer binnen en vraagt of hij bij mij mag slapen. Ik heb een bed waar je een matras onderuit kan trekken en ik maak dat voor hem op. Als ik het goed doe, vannacht, dan blijft hij misschien. Ik vraag hem waarom hij weggaat en hij zegt dat mama niet wil dat hij blijft als hij alleen in het weekend komt. Hij zegt: 'Ik begrijp het niet!' Ik kruip bij hem in bed, zoals vroeger tussen mama en papa in, maar nu is mijn bed leeg aan de kant waar mama zou moeten zijn.

Vroeger kreeg ik voor het slapen een zuigfles met Roosvicee, dat kreeg ik zo lang dat toen mijn vriendinnetje Judith een keer de kast opentrok om iets te drinken te pakken, verbaasd naar het flesje staarde, en van het flesje naar mij keek. Gelukkig zei mama dat het voor een neefje was dat kwam logeren.

Ik wil niet dat papa gaat slapen, al is hij nog zo moe. Maar als hij gaat slapen, dan is hij weg. Ik moet hem wakker houden. Ik vraag of hij snel weer gaat optreden met de band. Hij zegt dat de band uit elkaar is, dat hij met een nieuwe band bezig is. Ik leg mijn hand op zijn buik. Papa is stil. Ik denk dat hij al slaapt. Maar als hij slaapt, dan is hij weg. Ik wil iets zeggen om hem wakker te houden, maar kan niets bedenken. Het lijkt alsof mijn hand op een grote spin ligt. Alexander slaapt, hij ademt bijna niet.

Zo val ook ik in slaap en als ik wakker word, dan is Alexander weg.

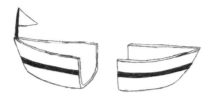

Hans de Zeeman is de beste vriend van mama, ze zitten altijd uren aan de telefoon, maar hij is ook de beste vriend van Beer en mij. Als hij belt, dan mogen Beer en ik altijd even met hem praten voordat we de telefoon aan mama geven.

Hans is echt een zeeman. Hij heeft een blauwe jas met gouden knopen en blond haar dat naar alle kanten staat vanwege de wind. Hij had een zeilschool met Mirror Dinghy's, dat zijn blauwe houten bootjes met twee oranje zeilen. Beer ging vaak met hem zeilen.

Ik ben ook weleens meegegaan op zeilvakantie, maar we moesten kamperen en dat vond ik vies. De Zeeman was er namelijk maar heel af en toe bij en er waren allemaal jongens die op ons sprongen en dan 'hoopje' riepen. Er was ook een dikke jongen bij met een grote korst in zijn mondhoek en als we gingen voetballen schopte hij de bal in de sloot en dan riep hij 'hoopje', zodat het nog langer duurde voordat we de bal uit de sloot konden halen. De vader van de jongen met de mondhoek was er ook bij en hij deed het kampvuur. Hij gaf ons allemaal drie knakworsten om op een stokje te doen en een groot stuk kaas, maar ik houd niet van kaas en dat durfde ik niet te zeggen. Toen hij even niet keek, gooide ik het in de planten achter onze tent. Niemand merkte het, het maakte bijna geen geluid. Alleen Hans de Zeeman, die bij het kampvuur zat te dommelen, stak zijn hoofd boven zijn kraag uit en gluurde onze kant op. Hij had zijn kaas allang opgegeten, maar hij had nog een knakworst over die hij tussen zijn handpalmen heen-en-weer wreef, alsof hij het weg probeerde te toveren.

De volgende ochtend ritste de vader van de jongen met de mondhoek ons tentje open en stak een harige hand naar binnen. Tussen zijn duim en wijsvinger hing het stuk kaas dat ik de dag ervoor weggegooid had, bedekt met een fijn laagje zand. De hand zei geïrriteerd: 'Het is zonde, hier, dat moet je opeten.' Ik zei dat ik van mama niets hoef op te eten, vanwege haar jeugd, maar de hand leek niet erg onder de indruk en zei dat hij niet zou vertrekken als het stuk kaas niet opgegeten werd. Beer pakte het stuk kaas voor me aan en joeg de hand weg door een paar indrukwekkende smakgeluiden te maken.

Van een groot luciferdoosje bouwden we een doodskist voor het stuk kaas. In de boot legden we het kistje op het zwaard om het later een zeemansgraf te geven.

Hans de Zeeman, die bij ons in de boot zat, vroeg: 'Wie is er dood?' En Beer zei bitter: 'Een oude vriend.' Het gezicht van Hans de Zeeman vertrok. Met een verdrietig gezicht haalde hij een sigarenkoker uit zijn binnenzak. Uit de koker liet hij plechtig een knakworst glijden. Hij zei: 'Ik heb ook een oude vriend verloren.' We maakten de kist open en legden de knakworst ernaast. De Zeeman nam zijn kapiteinspet af. Beer klemde het kistje tussen zijn twee wijsvingers en liet het langzaam in het Markermeer glijden.

Hans de Zeeman heeft een keer een boot van voor tot achter doormidden gezaagd omdat hij gelooft in wraak. Maar mama zegt dat alleen zij dat weet en dat het een geheim is. Iemand had zijn zeilschool afgepakt en het was zo oneerlijk dat hij al zijn geld aan duikspullen en een onderwaterzaag uitgaf. Beer en ik proberen ons voor te stellen hoe een onderwaterzaag eruit ziet. We maken er tekeningen van die we 's avonds in het treintje stoppen dat we tussen onze kamers hebben gebouwd.

De Zeeman is niet meer met zeilen bezig, maar met ridders en kastelen. Ik ben met survival bezig, want hij heeft me een boek gegeven waarin staat hoe ik in de natuur vallen moet bouwen, welke spinnen giftig zijn en hoe je een slinger maakt. Een slinger is een wapen uit de tijd van de Bijbel waar je niet zo goed mee kunt mikken. Ik heb ook een vlindermes waarmee ik trucjes oefen om aan Hans te laten zien.

Hij heeft een kasteel gekocht. Dat gaat hij in stukken zagen en aan allemaal verschillende mensen verkopen, zodat hij geld krijgt voor nog een kasteel. Dat vind ik een slim plan. Beer en ik proberen ons voor te stellen hoe een kastelenzaag eruitziet en het wordt een veel betere tekening dan die van de onderwaterzaag.

Voordat hij het kasteel in stukken verdeelt, organiseert Hans de Zeeman er een ridderkamp speciaal voor kinderen en ik mag het programma bedenken. Hij zegt dat het een spookkasteel is, met een zolder waar geen trap naartoe gaat. Je kan de zolder alleen zien door gaten in het plafond. Op de zolder is een beeld zonder ogen dat elke dag op een andere plek staat. In het kasteel is geen wc omdat het werd gebouwd in een tijd dat mensen zo deftig waren dat ze niet aan de kasteelontwerper wilden vertellen dat ze een wc nodig hadden. Als ze moesten, dan poepten ze in een kamer op de grond. Als die kamer eenmaal vol was, dan deden ze de deur op slot en namen ze een andere kamer, want ze hadden er toch genoeg.

Ik schrijf het programma van het ridderkamp op de typemachine van mama naast Beer die *Leisure Suit Larry* speelt en steeds de weg kwijtraakt, want hij heeft het boekje niet waarin staat hoe je verder kan komen. Hans vindt dat ik ook een spooklaagje aan het kamp moet geven.

Bij Rogier maak ik een schilderij met bruin, zwart en wit van het kasteel met een berg ernaast waarop een vrouw aan een boom hangt. Dat schilderij zal Hans in het kasteel hangen en aan iedereen die erlangs loopt het verhaal vertellen van de jonkvrouw die zich heeft opgehangen. Vanwege liefdesverdriet, want daar komen spoken van.

Als we dan een paar dagen later weer langs het schilderij zullen lopen, heb ik inmiddels de vrouw met bruin en zwart overgeschilderd, zodat iedereen heel bang wordt omdat ze niet meer op het schilderij is, en dus op onze wereld moet zijn. Hans vindt het een goed idee.

We gaan ook paardrijden en er zijn wedstrijden in boomhutten en zandkastelen bouwen.

Mama en papa zijn nu gescheiden. Beer zegt dat het door mama komt, omdat ze tegen papa heeft gezegd dat hij beter in Amsterdam kan blijven als hij daar liever is.

Volgens mij wil Beer ook liever terug naar Amsterdam. Soms zegt hij dat hij bij papa wil wonen, maar Beer weet dat ik weet dat hij dat alleen maar zegt omdat de computer van papa beter is om spelletjes op te spelen.

Ik ben het met mama eens, want als papa liever bij de grachten is, dan kan hij beter met de grachten trouwen. Ik begrijp nooit wat hij nou bedoelt met 'de grachten', het klinkt zo chic. De grachten zijn niet bij hem thuis, want als we er willen logeren, dan zegt hij: 'Maar bij mij thuis is niets.'

Mama zegt: 'Je vader wil gewoon de hele dag in het café zitten, dat bedoelt hij met de grachten.' Sinds ze gescheiden zijn, noemt ze papa 'je vader', alsof ik weleens zou kunnen vergeten dat hij dat is.

Beer denkt dat papa nu met Giny is, maar ze is er alleen bij als we iets leuks gaan doen.

Mama is nu met Dick en dat is leuk, want Dick

maakt altijd grapjes, en zijn zoons, Mark en Michel, maken nog veel meer grapjes.

We gaan met Mark, Michel, Dick, Beer en mama naar een huisje in de buurt van het kasteel van Hans de Zeeman. We rijden in een grote zwarte Mercedes die naar sigaretten en luchtverfrisser ruikt. Ik vind dat het lekker ruikt, maar Beer en mama vinden dat niet. Het raam mag nooit open, want dan werkt de airconditioning niet, behalve als Dick sigaretten rookt. We vinden dat vervelend. Niet van de sigaretten, maar van de ramen, want als het kan dan moet het in een auto waaien, zoals in de Peugeot van papa. De auto heeft wel een cd-wisselaar en dat maakt veel goed.

We luisteren naar Queen en Dick zet het heel hard. Michel vertelt dat de zanger van Queen al dood was toen deze cd werd gemaakt. Zijn stem klinkt als een gitaar, het is bijna niet te horen wanneer de stem van de zanger ophoudt en de gitaar van zijn vrienden begint.

Dick had een vrouw, maar ze is dood want ze kreeg kanker. Dick zit in de damesmode, hij woont boven zijn winkel in Zeist. Het is een mooi huis waarin alles nieuw is, met kleuren als zwart en turkoois. De open haard gaat met een knopje aan en in de douche komt het water van alle kanten op je af.

Mark is de oudste zoon van Dick. Hij studeert ook iets met kleren. Mark heeft een groot keyboard, zoals Dj Paul Elstak, en zijn kamer staat vol met glimmende rode en zwarte modelvliegtuigen. Ze zijn gemaakt van fijn hout, het weegt bijna niets. Hij zegt dat hij ze vroeger liet vliegen, maar nu niet meer zo vaak, want hij is druk met zijn studie. Mark kijkt vaak serieus en draagt hele dure shirts, ze zijn allemaal van hetzelfde merk. Dat kan je zien omdat het merkje op zijn rechterschouder staat: 'Oxbow'. Ik wil ook zo'n shirt, een keyboard en net zo opgeruimd zijn.

Mark heeft allemaal cd's van Queen en Dune. Beer heeft ook muziek van Dune. In Bussum is het hoofdkwartier van TMF waar hij elke woensdag staat te wachten om de cd's uit de container te vissen die ze hebben weggegooid.

Mark en Michel hebben allebei, net als Dick, een bobbel op hun neus.

Michel is badmeester. Hij is grappiger dan Mark, hij is een soort dolfijn. Michel heeft altijd flippers en een snorkel bij zich. Ik heb een keer stiekem zijn rapporten gelezen. In elk rapport staat: 'Michel is een echte paljas.'

In het huisje in Frankrijk spelen we met zijn vieren, Beer, Mark, Michel en ik. Michel zwemt van me vandaan en zegt: 'Wat ben je lelijk van ver weg!' Hij zwemt naar me toe en zegt: 'Wat ben je lelijk van dichtbij!'

Mark ligt op een bed en leest ontzettend veel thrillers. Hij heeft een flesje bij zich waarmee je het best bruin wordt, soms mag ik een druppeltje lenen als ik laat zien dat ik ook serieus wil zonnen.

Naast het huis is een heuvel waarop grote rollen hooi liggen. Michel en ik bedenken een spel waarbij Beer en ik op de rollen staan en Mark en Michel de rollen heen en weer duwen om ons ervan af te laten vallen. Het heet 'hooiboot', maar we spelen het maar eventjes, want Mark houdt niet op met rollen, waardoor Beer met een lelijke smak van zijn hooiboot afvalt, eronder komt en een hooikoortsaanval krijgt. Hij wil niet meer spelen.

Dick zit vooral binnen. Hij rookt Davidoff-sigaretten en leest kranten. Thuis doet hij dat ook, maar in de vakantie valt het opeens op.

Hij snauwt Beer af, hij vindt dat Beer aardiger tegen mama moet doen, maar Beer vindt dat Dick daar niets mee te maken heeft. Beer heeft een haarlok die hij heel lang laat groeien en soms verft. Dick zegt dat hij er belachelijk uitziet, maar Beer negeert hem, hij trekt zijn ogen tot trillende spleetjes en gaat de kamer uit. Soms roept hij iets boos erbij, maar zijn stem slaat al over, dus iedereen moet lachen en dat helpt niet om Beer minder boos te krijgen. Dick jaagt op hem, maar vooral op zijn haarlok.

Mama weet niet wat ze met Beer aan moet, hij wil alleen maar op zijn discman naar The Offspring luisteren en binnen zitten. Hij draagt alleen nog een bepaalde legerbroek en Alien-T-shirts, die veel te groot zijn, waar Dick zich natuurlijk ontzettend aan stoort.

Soms beginnen de dagen opnieuw, dan lachen we allemaal bij het ontbijt en mag ik de Rolex van Dick even om. Maar Dick en Beer zijn niet te voorspellen. Soms bijten ze, opeens: Dick maakt een slechte grap, Michel lacht erom, want hij houdt van slechte grappen, en Beer wordt weer giftig. Als Beer boos is, wil hij alleen met mij praten, maar ik heb het veel te leuk met Mark en Michel om samen met hem boos te willen zijn.

We hebben het nooit over Alexander, want we weten precies waar hij is. Hij is in Amsterdam, op het terras van café De Klok. Hij eet ossenworst en soms een tosti. Net als Dick leest hij de hele dag kranten en is altijd blij ons te zien, maar hij komt niet meer naar ons toe om samen iets te doen, want er is altijd iets mis met zijn autootje.

Hij is verbaasd dat we niet naar hem toe komen op het terras. Het terras is saai en er komen mannen die iets te hard praten. We gaan liever naar pretparken, maar Alexander heeft geen geld meer voor pretparken.

Het kantoor verhuist bijna elke maand naar een paar huizen verder, steeds dichter bij waar hij nu woont, op de Prinsenstraat. Het gaat niet goed met het kantoor. De deur gaat niet meer open, want er ligt te veel post voor. Alexander heeft geen opdrachten meer. Beer stelt weleens voor de post open te maken omdat er een opdracht in zou kunnen zitten. Alexander zegt dat opdrachten niet per post komen, maar via via. Hij zegt dat zijn echte kantoor in het café is, maar Beer en ik geloven hem niet omdat de machine waar je brieven doorheen kan laten vliegen er niet staat.

Ik vind 'het kantoor', 'de grachten' en 'het café' maar vreemde woorden, want papa geeft ze elke keer andere betekenissen. Het kantoor moet dicht bij zijn huis zijn en zowel zijn huis als zijn kantoor moeten op de grachten zijn, want de grachten zijn dicht bij de cafés. Ik kan heel lang nadenken over die woorden, maar uiteindelijk blijven ze hetzelfde betekenen.

We gaan naar het ridderkamp op het kasteel van
Hans de Zeeman. Ik heb me voorgenomen aan niemand te vertellen dat ik het programma bedacht heb,
tenzij het echt nodig is. Helaas is Hans er zelf maar
heel even, want hij is al met een nieuw kasteel bezig.
Ik laat hem mijn vlindermestrucjes zien, maar hij
wordt er boos om. Ik dacht juist dat hij het prachtig
zou vinden, maar nu denkt hij dat ik zo iemand ben
die met een wapen rondloopt, hij is teleurgesteld in
me.

De kampleiders dragen legerbroeken, net als Beer,
en hebben ringen in hun neuzen en lippen. Morgan
is de baas. Morgan is de beste naam in de wereld, net
als de naam van het automerk, dat is de beste auto in
de wereld. Hij heeft blonde bakkebaarden die in zijn

snor overgaan, zodat hij lijkt op een paard met dikke rafelige teugels van touw.

Mark en Michel zijn ook kampleiders, samen met Judith en Jitske. Judith heeft rode dreadlocks, sproeten, tatoeages en piercings, en ze heeft het de hele tijd over de Mazzo. Volgens mij is ze de vriendin van Morgan en ik denk dat Mark verliefd op haar is. Jitske vertelt sprookjes aan de jongste kinderen als ze zijn gevallen en pijn hebben, het zijn sprookjes die ze zelf verzint. Ik denk dat Michel verliefd op haar is, hij zit altijd vooraan als Jitske verhalen vertelt, soms duwt hij, zonder dat hij het doorheeft, een kindje omver zodat hij alles kan horen wat Jitske zegt. We vragen ons allemaal af hoe ze die sprookjes zomaar bedenkt.

Ik wil dat Jitske ook een sprookje voor me bedenkt, dus ik laat me uit een boomhut vallen. Dat is niet erg, want ik breek nooit iets. Helaas val ik op een meisje dat moet huilen en wél iets breekt, waardoor Jitske het sprookje voor haar maakt en een beetje boos op mij is. Het is een sprookje over een onbeleefde prins die uit de lucht kwam vallen en vergat zijn excuses aan te bieden. Normaal zijn haar sprookjes beter, want ze zijn ook altijd een beetje somber. Ze gaan niet over grote dingen, maar over pijnlijke misverstanden.

Haar beste sprookje gaat over een familie die boos uit een dorp vertrekt en daarna allemaal avonturen beleeft. Vooral de manier waarop de familie weggaat vind ik mooi: de dorpelingen zagen de familie graag vertrekken, want ze verscheen nooit op de dorpspicknicks. De dorpelingen hielden erg van picknicks en ze vonden het belangrijk dat iedereen eraan meedeed. De familie hield ook ontzettend van picknicks, dat was het probleem niet, maar ze had nooit een officiële uitnodiging ontvangen om mee te doen en dat was iets waar de familie zwaar aan tilde. Als zij zelf een feestje gaven, dan schreven ze met deftige krulletters uitnodigingen die ze in zware enveloppen verstuurden. Het probleem was dat ze niet doorhadden dat picknicks altijd spontaan gebeurden en er dus nooit echt iemand officieel werd uitgenodigd. Dat is, zeiden de dorpelingen, toch wel 'een beetje het punt van picknicken'. Daarom ging de trotse familie demonstratief op huis aan, elke keer als de dorpelingen overvolle picknickmanden met worstjes, kaas en augurken bij de voordeuren zetten.

Helaas heeft niemand gehoord van het programma dat Hans de Zeeman en ik hebben bedacht en hij is er niet, dus na een dag met mijn programma zwaaien geef ik het op. Wel spelen we levend stratego, tekenen een ridderschild en springen met een dik paard.

Morgan heeft Beer en mij niet laten winnen bij de zandkastelenwedstrijd, terwijl we een zonnetempel hadden gemaakt met een zonnewijzer die echt werkte.

Voordat we naar Frankrijk vertrokken zaten Beer en ik bij Alexander op het terras. We vroegen hem of hij een nieuwe vriendin heeft, zoals mama Dick heeft, maar hij vindt niet dat hij ons daar iets over uit hoeft te leggen. 'Moet ik jullie elk detail over mijn liefdesleven vertellen?' zegt hij.

Misschien heeft hij gelijk, maar erg aardig vind ik het niet.

Beer en ik vinden het vreemd, normaal zegt hij geen nee.

We wonen weer in Amsterdam, op het Minervaplein, in een huis zonder verdiepingen, want ook Bussum is te groot voor ons geworden.

Het huis had rode muren en een zwarte vloer. Mama zei: 'Hier heeft een vrouwtje veertig jaar zitten stinken.' Twee weken later is, dankzij Hans de Zee man, het huis wit en zijn de plinten beige.

We hebben voor het eerst vloerbedekking. Ik wilde al heel lang vloerbedekking, want ik lig graag op de grond. Er zijn twee balkons, eentje voor en eentje ach ter, waar mama me naartoe probeert te lokken als de zon schijnt, omdat ze zegt dat ik er altijd uitzie als 'de dood van pierlala', maar ik weet niet wie dat is. Als je binnenkomt, ben je meteen in een gang. Links slapen Beer en ik, rechts slaapt mama. Mijn kamertje is het kleinst, maar ik krijg een hoogslaper die ik zelf mag ontwerpen en timmeren, samen met de Zeeman. De gang komt uit in de woonkamer. Daar ligt Beer meestal op de grond. Hij kijkt naar *Mash* en vooral naar *The Wonder Years*. Met zijn tenen zapt hij langs de kanalen.

Voor het laatste halfjaar van de basisschool ga ik terug naar mijn oude klas, maar die is veranderd. Niemand heeft gel in zijn haar. De jongens dragen grote broeken en bomberjacks en de meisjes hebben borsten. Ook de voetbalplaatjes zijn veranderd; mijn collectie is niets meer waard.

Tijdens de pauze loopt de helft van de jongens en meisjes in groepen heen en weer over het schoolplein. Soms rent een meisje naar de jongens, zegt iets en rent gillend terug naar haar groepje. Het groepje overstemt haar gegil met een collectieve, oorverdovende krijs. De andere helft blijft binnen en staart, zonder veel te zeggen, naar de groepjes op het schoolplein. Soms rent een van de groepjes het lokaal binnen om een cd te beluisteren. Omdat ik ook van muziek hou, heb ik Enigma en Queen meegenomen, maar de groepjes lachen erom en zetten Blackstreet op. De meisjes dansen in een rondje om de gettoblaster.

Ik ben weer verliefd op Jessica, mijn eerste Amsterdamse vriendinnetje, maar, hoewel ze aardig tegen me doet, merk ik dat haar groepje en zij niet in me geïnteresseerd zijn. Daarom word ik vrienden met de jongens.

Omdat ik er tussen hun grote kleren en petten uitzie als een vampier, besluit ik om ook een grote broek te kopen. De skateschoenen zijn geen probleem: die heeft Beer al ontdekt, hij heeft zelfs een extra paar, maar voor de broek heb ik besloten voor het merk te gaan dat ze het meest dragen. Er is één winkel die het verkoopt, maar ze hebben nog maar een zo'n broek en die is oranje en gigantisch, hij is zo groot dat Beer en ik er in het pashokje achterkomen dat we er allebei tegelijk in passen. Hoewel Beer het me afraadt, besluit ik hem toch te kopen. Beer zegt dat hij uit principe tegenstander is van wijde broeken, maar een week later besluit hij om precies dezelfde te kopen. Hij zegt: 'Hiermee ga ik een statement maken, dit wordt grappig.'

Oma haalt dertig centimeter van de broekspijpen af, volgens mij is dat nét iets te veel, want nu landen de pijpen niet meer op mijn schoenen, waardoor ik de achterkanten niet meer kan laten rafelen zoals het hoort.

Als ik op school kom, moeten de meisjes hard lachen. Het maakt de jongens weinig uit, maar ze lachen met de meisjes mee.

Jessica komt in de pauze naar me toe en zegt: 'Weet je, we hadden het er nog over, en dachten wel dat je dit zou doen.' Ze plukt aan het lusje dat aan mijn broek hangt. Ze zegt bewonderend: 'Dat is een groot lusje, je moet er een ketting aan hangen.' De juiste wijde broeken hebben zo'n lusje waaraan je de juiste hondenketting moet hangen, Beer heeft er een fietsketting aan gehangen vanwege zijn statement.

Jessica vraagt, zachtjes: 'Heb jij mij een valentijnskaart gestuurd?'

Wat een vraag. Natuurlijk heb ik haar een valentijnskaart gestuurd.

Ik zeg: 'Nee, natuurlijk niet.'

Ze haalt een boekje uit haar tas en vraagt of ik haar naam erin kan schrijven, dan kan ze het thuis vergelijken. Ze zegt dat ze het bij alle jongens zal doen, maar er staan nog geen namen in het boekje. Misschien ben ik toevallig de eerste. Alle jongens van de klas vullen het boekje met haar naam, die ze elke keer weer dolgelukkig bestudeert. Mijn valentijnskaart gaat van tafeltje naar tafeltje, de verdenkingen vliegen heen en weer. Ik weet ze te ontduiken door de mysterieuze kaartenschrijver van plagiaat te beschuldigen.

Plechtig zeg ik: 'Dit gedicht is gestolen. Wat een slechte kaartenschrijver. Zoiets zou ik nooit doen.'

Het is waar, ik heb het gedicht gestolen en nu ben ik er blij om. Jessica gelooft me.

Van mijn mooiste herinneringen weet ik niet of ik ze wel heb meegemaakt.

We zitten op het strand in Normandië. Iemand gooit een aansteker in het kampvuur. Er is een knal en even regent het pakketjes vuur. De Franse meisjes maken hoge geluidjes van onvrede.

Beer heeft een vriendinnetje, Amandine, hij is de enige van de jongens die er niet om kan lachen en slaat zijn arm om haar heen.

Ik was eigenlijk niet uitgenodigd voor het kampvuur, maar ik had besloten net zo lang langs de zee te blijven te lopen totdat ze me zouden vragen erbij te komen. Ik moest Beer wel beloven te zeggen dat ik vijftien was, in plaats van twaalf.

Iemand roept: '*Liberté toujours!*' en iedereen lacht.

Ik voel me een beetje een spion, waardoor ik aan levend stratego moet denken, wat naar mijn mening alleen in theorie het leukste spel op de wereld is.

De aanstekerbom heeft de sfeer verpest. Beer en Amandine glippen ertussenuit. Ik besluit ze te volgen, maar ben niet de enige. Een meisje in een crèmekleurig tuinpak volgt me. Ze is een kop groter en heeft donkere, dikke wenkbrauwen. Beer en Amandine lopen hand in hand en opeens loop ook ik hand in hand. Ze zegt dat ze Sandra heet, ik knik, maar vergeet me voor te stellen. We lopen door het *Pierre-et-Vacances*, een vakantiedorp dat een soort *Club Med* is, maar dan nog veel Franser. Ik kijk alleen naar de witte zandstenen blokken die de weg bepalen, om ons heen ligt dik, vettig gras, bij kleine zuchtjes wind glimt het blauw in de nacht.

Ik zie dat Amandine soms verliefd naar Beer kijkt, hij maakt haar aan het lachen met zijn stem die nu veel minder overslaat dan normaal. Ze heeft sproetjes. De vriendinnetjes van Beer hebben vaak sproetjes.

Inmiddels zijn we bij ons betonnen vakantiehuisje aangekomen. Opeens staat Sandra stil, ze heeft mijn hand losgelaten. Misschien heeft ze eindelijk door dat ik op een doodshoofdaapje lijk. Ik draai me om, maar kom niet ver, want opeens bestuur ik mijn tong als een vliegtuigje en verdedig mijn smeltende tanden tegen haar mond. Het is alsof ze met haar handen geheime piratenkaarten over mijn lichaam probeert te tekenen: vingers die nagels worden, nagels die grenzen trekken, grenzen die ik meteen vergeet.

Beer en ik liggen in bed, weer tegenover elkaar,

zoals vroeger op de Keizersgracht. Voordat Beer zijn koptelefoon opdoet, zegt hij: 'Eerste keer?' Ik knik, in het donker, van ja.

De volgende ochtend zitten Sandra en Amandine op een trappetje naast de auto te wachten. We gaan terug naar Nederland. Mama is boos, we waren te laat thuis vannacht. We hebben nog een paar minuten om te zoenen, maar het is nu dag, en vanwege het afscheid een beetje te veel alsof het moet. Vandaag overkomt het me wat minder, omdat ik inmiddels een gezoende jongen ben.

Het liefst duik ik zo snel mogelijk op de achterbank, naar de Game Boy en mijn plannen om in Nederland ook te gaan zoenen. Het eerste halfuur is het stil in de auto. Dan zegt mama: 'Wat een leuke meisjes!' En voordat ik antwoord kan geven gromt Beer vanachter zijn Game Boy: 'Hou jij je liever bij je eigen non-liefde.' Ze schiet vol, ik zie het in de achteruitkijkspiegel.

Het is uit met Dick, want Dick is manisch. De helft van de dag maakt hij leuke grapjes en de andere helft van de dag maakt hij alleen maar nare grapjes. Eerst viel dat niet op, omdat hij de nare grapjes altijd 's ochtends maakte, dus we dachten dat hij gewoon heel vaak een ochtendhumeur had. Je kon het merken aan de manier waarop hij trekjes van zijn sigaret nam. Als hij na het trekje van de sigaret nog een extra luidruchtig hapje van de lucht nam, dan stond hij op het punt nare grapjes te maken, meestal tegen Beer. Maar wanneer hij zijn sigaret tussen zijn wijsvinger en middelvinger vasthield, bijna bij zijn middelste knokkels, zodat het bij een trek eruit zag alsof hij zijn hand voor zijn mond hield omdat hij een wind had gelaten, dan stond hij op het punt een fijn grapje en een nog fijner plan voor de dag te maken. 's Ochtends leek het of hij uit zijn sigaret was gegroeid, zoals een peer aan zijn steeltje vastzit, maar 's middags was de sigaret meer iets wat hij af en toe in zich prikte, als een prikkertje in een bitterbal.

Matthijs en ik hangen in de touwen. Het is ons eerste survivalkamp. We zijn er net een dag.

Matthijs en ik zijn erg goed in de touwen, dit is onze kans om ons van de groep te onderscheiden. Het net van touwen hangt over een uilenzeikerig aftreksel van een riviertje, eigenlijk is het een aanfluiting. Matthijs is al halverwege, hij kan klauteren als een spin, waarbij hij een sissend, giftig geluid maakt. Het werkt. Wij, de Amsterdammers van de groep, we maken indruk. Ik zet mijn handen ook in de touwen. Het is vers touw, knijpen doet een beetje pijn, lekkere pijn.

'Mos Lupin?' Het is de stem van een begeleidster, een lange, sportieve blonde vrouw. We zijn er nog te kort om alleen voornamen te hebben.

Er is altijd een stilte voordat iemand mijn naam zegt. Ook als het al stil is, dan valt er altijd nog een extra stilte van twijfel over mijn naam, die nooit verkeerd uitgesproken wordt, maar altijd twijfelend, zonder klemtoon, als drie holle walnoten.

De begeleidster vraagt of ik mee wil komen. Terwijl ik haar verbaasd volg kijk ik nog om naar de touwpartijen en de klauterende kinderen en ik realiseer me dat ik deze activiteit niet af zal maken. Aan de overkant staat Matthijs met het enige mooie meisje van de groep te praten.

Verdomme.

Ik vraag me af of ik ergens bij moet helpen, of ben uitgekozen voor een speciale activiteit. Maar waarom ik? Ik vraag aan de begeleidster waarom ik mee moet komen, maar heb meteen spijt van de vraag, want ik wil niet bijdehand doen. Ze zegt dat ik gewoon mee moet komen, maar ze zegt het zachtjes, alsof ze liever niet met me wil praten, alsof het haar benauwt. Ze kijkt voor zich uit terwijl ze het zegt, ik volg haar blik.

Honderd meter verder staat een auto die ik niet ken en een picknicktafel. Daarnaast staat het lange, magere postuur van mijn vader, met een ronde zonnebril en een beige, dandy overhemd. Hij doet me altijd denken aan Julius Caesar in *Asterix*, verslagen. Naast hem staat mama, maar zo noem ik haar alleen als ik iets van haar nodig heb, zegt ze altijd. Ze vraagt me om aan het picknicktafeltje te komen zitten. Ik realiseer me dat er iets helemaal niet goed zit.

Ik vraag verschrikt of er iets met oma is en terwijl ik dat doe, leg ik allebei mijn handen op haar schouders. Alleen voor zoiets zouden ze helemaal naar de Ardennen komen, samen. Terwijl ik vraag of er iets met oma is, voel ik me sterk. Maar mijn vader kijkt me niet aan en mama... Langzaam begin ik te hopen dat er iets met oma is.

Beer is dood.

Beer is de eerste voor wie ik optreed als dj. Zijn kist staat in zijn slaapkamer. Op de laatste dag van het survivalkamp sprong hij van steeds hoger in het water, tot het te hoog was om nog boven te komen. Het was een stom, stom ongeluk. Hij had op die reis een vriendinnetje, een stom vriendinnetje.

Ik draai plaatjes voor de kist van mijn grote broer. Het is een grote kist, hij was 1.83, wat volgens de architect Le Corbusier de ideale maat is, omdat het de gemiddelde lengte is van de helden uit Engelse detectives. Ik heb Corbusiers biografie gelezen, zijn laatste woorden waren: 'Mensen zijn zo dom, soms ben ik blij dat ik doodga.'

Een paar weken geleden luisterde ik nog naar Michael Jackson, The Beatles, Enigma, Elvis Presley en

Buddy Holly. In die volgorde. Nu draai ik Cypress Hill, GZA en 2Pac voor Beer. Zijn muziek. Tussendoor schop ik mijn rode zitzak door de gang.

Beer is dood. Beer is een klootzak. Ik denk aan hoe we de avond voor hij vertrok voor de eerste keer *Hot Shots* keken, hoe we in Bussum over de zolder met legotreintjes briefjes uitwisselden en hoe hij als enige wist hoe geniepig ik eigenlijk kon zijn, maar me nooit verraadde.

Als we vochten, dan kneep ik en hij sloeg terug. Het slaan viel op, dus Beer kreeg straf, maar als hij straf kreeg, dan onderging hij die zonder te vertellen dat ik het was die begon. Dat heb ik nooit begrepen. Beer bleef altijd trots op me, wat het ook kostte.

Hij won altijd alle spelletjes, vooral *Fifa '97*, omdat hij met zijn aanvaller de keeper kon blokkeren vanwege een legendarische bug in het spel. Hij haatte Dick, maar nam het mij niet kwalijk dat ik dat niet deed, omdat ik zo onder de indruk was van de zeskoppige douche daar.

We gaan een graf uitzoeken voor Beer. De verkoopster, of de verhuurster, wekt de indruk dat ze meer van paarden houdt dan van mensen, maar misschien komt dat door haar uniform, vooral haar hoge laarzen en een stokje om graven aan te wijzen. Ik besluit dat er geen reden is dat tegen haar te gebruiken.

Ze zegt opgewekt: 'Ik weet een perfect plekje voor Beer!' Ze klinkt als iemand die goed plekjes kan uitzoeken, zowel voor vazen als voor dode broers. Wel gebruikt ze superlatieven waar we niet zo veel mee kunnen. De superlatieven vallen een beetje tussen ons in.

Het plekje dat ze voor Beer heeft uitgezocht is naast een leeftijdgenoot, Danilo. Het is in de sectie kindergraven. Ze vertelt dat Danilo een tragisch scooterongeluk heeft gehad. Op zijn graf staat een foto van een jongen met een turkoois petje en een matje. Een gabber. Ze kijkt ons vragend aan.

Alexander zegt niets.

Lind kijkt naar me.

Ik zeg: 'Beer hield niet zo van gabbers, wel van de muziek.'

Dat is niet helemaal waar, Beer vond gabbers wel grappig. Soms stonden we te hakken in zijn kamer.

Lind neemt een besluit. Ze zegt: 'Mijn zoon had een snor. Ik wil geen kindergraf voor mijn snor.'

Het gezicht van de mevrouw betrekt. Ik maak me zorgen. Misschien denkt de mevrouw dat Lind wil dat alleen zijn snor bij de grote mensen begraven wordt, op een hoekje, in een klein kistje, speciaal voor dode snorren. Het is even stil. De mevrouw is in haar hoofd op zoek naar geschikte graven. Dan zegt ze: 'Ik heb misschien wel iets liggen.'

Lind en ik moeten lachen omdat graven altijd liggen.

De mevrouw neemt ons mee naar een kring waar twaalf beuken in een cirkel staan. Er liggen oude, dikke plakken graf omheen. In het midden van de beuken is een lege plek. Ik kan mijn ogen er niet vanaf houden. Tussen twee plakken graf in de cirkel is wat ruimte teveel.

De mevrouw kijkt me aan en zegt opgewekt: 'Als je wil, dan mag je broertje hier wel liggen.' Tegen mijn moeder zegt ze: 'Er zijn wel veel muggen hier, dat kan een probleem worden.'

Het is een bescheiden plekje. Beer tussen twee opa's van graven om op te zitten. De zon haalt het hier nauwelijks, af en toe draaien paranoïde wolkjes mug voorbij. Het is koel.

Lind en ik zijn tevreden. Dit kunnen we goed samen, graven uitzoeken. Het is, afgezien van de omstandigheden, makkelijker dan de aanschaf van een nieuwe tv.

Alexander kijkt om zich heen met een holle blik. Hij vouwt zijn rechterhand om zijn kin. Zijn duim bedekt de grote moedervlek op zijn rechterwang. De vier resterende vingers krabben zijn linkerwang. Dan haalt hij met zijn linkerhand de bril van zijn neus en wrijft zich lang in de ogen met de rug van zijn hand. Het valt me op dat Alexander niet meer dun is, hij heeft een echte pens.

Ik moet denken aan het lied dat we in Bussum op school zongen.

'De rivier de Rhône is een wilde vloed. Wil je mee naar over, kijk dan hoe dat moet. Met zijn tweeën hand in hand, al naar de overkant. Maar niet in de diepte kijken, kom, we zijn aan land.'

Het is een lief lied, maar ook onheilspellend en breekbaar, als een theepotje.

De begrafenis is, dankzij een toegestopt pilletje, een droom. Er zijn bloemen, overal. Bloemen in handen, bloemen rond de kist, bloemen in de tuin, bloemen langs de Amstel. Het zijn witte bloemen, met roze strepen en er zijn kransen met linten eraan en namen in goud met grote schreven.

Als we met de kist bij het graf aankomen, wil Lind niet blijven staan.

Ze kijkt me radeloos aan: 'Ik kan hier toch niet blijven kijken hoe mijn kind in de grond verdwijnt?' Ze loopt snel verder, zonder om te kijken.

Niemand heeft hierop gerekend: de stoet achter ons valt verward uiteen en hervormt zich in kleine groepjes.

We gaan langs bij Machiel. Hij begeleidde het kamp waar Beer niet meer van terugkwam. Hij is verantwoordelijk voor wat er gebeurd is. Eigenlijk is hij de schuldige, maar Lind zegt: 'Schuld bestaat niet.' Ze zegt ook: 'Hij is ook maar iemand die verder moet leven.' Toch willen we zelf zien hoe hij dat dan doet, dat verder leven.

Hij heeft een raar accent, maar dat is logisch, want we moeten ver rijden, helemaal tot diep in het oosten van het land. We draaien *Tommy*, van The Who.

Het is een korte bijeenkomst, die zes keer in de autorit past. Machiel is achttien. Het is een paar weken nadat Beer sprong, maar Machiel heeft het meeste werk zelf al gedaan.

Hij zegt: 'Het was een ongeluk, ik kon er niets aan doen.'

Zijn moeder zit ernaast. Ze knikt, ze is trots op Machiel. Ze zegt: 'Dat is waar Machiel, het was een stom ongeluk.'

Ik vind Machiel maar een vreemde naam, het klinkt wat ongezond. Lind knikt. Ze vindt het ook een stom ongeluk. Ik zeg niets, maar ik ben er nog niet zo zeker van. Niemand heeft iets aan spijt, maar dat is spijt: iets wat je op zijn minst aan kan bieden, zoals koffie. We krijgen wel koffie. Ik hou eigenlijk niet van koffie, maar als ik de koffie aanneem, dan begrijpt Machiel misschien dat ik een spijtbetuiging ook aan zou nemen. Machiel en zijn moeder kijken me aan. Ik moet ook iets zeggen.

Ik zeg: 'Het was inderdaad een stom ongeluk,' en neem een slokje van de koffie.

Lind kijkt trots naar me, ze zit naast me. Ik kijk niet naar haar, maar richt me op de koffie. Het koekje is te groot voor het schoteltje, ik eet nooit de koekjes die bij de thee of de koffie komen, ik wacht altijd tot iemand anders ernaar vraagt. Er is altijd wel iemand die er op aast, normaal zijn het Beer of Alexander, maar Alexander is er niet. Ik wil het koekje niet terugleggen in de trommel, dat is raar. Dat doe je niet. Ik kan het ook niet opeten, want dat doe ik nu eenmaal niet, dus ik leg de sprits op de leuning van de bank. Machiel en zijn moeder kijken ernaar, maar ze zeggen niets.

Lind nodigt hem uit voor de bijeenkomst van Beers vrienden van het kamp. Machiel zegt dat hij daar eigenlijk geen behoefte aan heeft. Ze zegt dat ze het begrijpt.

Als we de bij de deur staan en Machiel en zijn moeder gedag zeggen, kijk ik nog even langs ze heen naar de bankleuning, waar mijn sprits trots balanceert. Machiel en zijn moeder mogen de sprits nooit opruimen, maar ik betwijfel of ik dat wel voldoende duidelijk heb gemaakt.

Machiel sprong eerst. Toen sprong Beer. Machiel gebaarde nog: 'Je kan springen!' Misschien riep hij het ook. Beer stond bovenaan nog even met Job te praten. Job was zijn klasgenoot en beste vriend.

Ik wil weten waarover ze praatten, maar hoef niet te weten hoe het eruit zag. Dat wist ik al, meteen nadat ik het hoorde en dat was genoeg.

Bij Rogier de tekenleraar heb ik de plek geschilderd op het moment dat Beer springt, in spiegelbeeld. De brug staat erbij, en het pad waarlangs je klimt om op ongeveer dezelfde hoogte van de brug te komen. Twee dingen kloppen niet, zegt Lind, die foto's heeft gezien: Job en Machiel staan er niet bij, het meer is leeg. Alexander, Lind en ik staan beneden te kijken, onze onderlichamen vallen buiten het schilderij. Alexander heeft zijn arm om ons heen.

's Avonds eten we bij Job en zijn ouders. Lind en Jobs ouders zijn goede vrienden. Ze hebben lekker gekookt. De vader van Job schrijft over wijnen in een blad voor bedrijven die ook met wijnen bezig zijn, een vakblad. Ik weet niet wat de moeder van Job doet. Ze heeft vuurrode lippen, zwart haar en altijd rode wangen. Job luistert naar Death Metal, Black Metal en Trash Metal.

Zijn vader heeft het over de wijn, zijn moeder vertelt over de aardappels en hoe lang ze in de oven moeten. Job is stil.

Ik wil weten waarover Job en Beer praatten voordat hij sprong. Misschien zei hij: 'Ga jij maar eerst, Beer.' Misschien was hij helemaal niet van plan om te springen. Ik durf het niet te vragen.

Ik zeg dat de aardappels echt heel lekker zijn. Er liggen plukken rozemarijn en tijm overheen. De moeder van Job zegt dat het ook door het zeezout komt en dat het moeilijk is, moeilijker dan de meeste mensen denken, aardappels in de oven. Ik zeg dat ik ook aardappels in de oven wil leren maken.

Elke keer als ik iets zeg is het heel stil. Iedereen kijkt me bemoedigend aan, zo is het al een paar dagen. Het maakt niet uit wat ik zeg. Ik praat, dat is een wonder.

Een paar maanden geleden waren we nog bij Job. Toen aten we ook aardappels, die waren paars. Beer, Job en ik gingen naar boven en speelden *Carmageddon*. Beer en Job vroegen me naar de meisjes, maar ik had geen meisjes.

Ik wil Job over mijn vriendinnetje in Frankrijk vertellen, maar zonder Beer wil Job er waarschijnlijk niets over weten. Nu gaan we niet naar boven, we blijven aan tafel zitten en daarna fietsen Lind en ik naar huis. Het is een mooie zomer.

Ik vraag aan Lind of ze weet waar Job en Beer het over hadden toen ze daarboven stonden.

Ze zegt dat Job het zich niet meer kan herinneren. Ze zegt: 'Het is ook moeilijk voor hem.'

Het is even stil. We fietsen door de Valeriusstraat.

Ik zeg: 'Het was een stom ongeluk.'

Ze kijkt trots naar de zijkant van mijn hoofd, ik kijk vooruit.

De vrienden van Beer komen langs. Eerst de vrienden van het kamp. Ze hebben allemaal, net als Machiel, een vreemd accent. Ze hebben hem een week gekend.

Ik laat ze de kamer van Beer zien. Ze kijken rond alsof ze iets mee willen nemen. Ze plukken aan de afritsbroek van het Waterlooplein die hij mee had. Ze graaien door zijn stenenverzameling, alsof het lego is.

Lind ruimt intussen de woonkamer op. Ze had de zwarte Japanse schaal met chips gevuld en de aspergeschaal met magnetronpopcorn. Ze praatte met de vrienden van het kamp en wilde alles weten. Ik mocht zwijgen en lag voor de televisie op de grond, met mijn tenen zappend langs kanalen, wat geen verschil maakte, omdat de televisie uit stond. Nu moet ik ze even vermaken.

Als je iemand vermaakt, dan laat je zien dat je sterk bent. Vermaken is een spreekbeurt geven. Ik weet allang wat ik wil zeggen, maar maak expres een paar fouten, stuntel met voorbedachte rade, dan kunnen ze lachen. Het maakt niet uit wat ik zeg. Ik praat, dat is een wonder.

Ze zeggen: 'Beer heeft veel over je verteld.'

Ik zeg: 'Beer heeft mij niets over jullie verteld.'

Het vriendinnetje van Beer op kamp wil de *parental advisory explicit content*-trui hebben. Ze zegt: 'Ik had het koud, toen gaf hij me die trui.'

Maar ik ben de Ridder van de Trappenberg en de

Tafelberg, dus ook de truien die daarbij horen zijn nu van mij. Wat ik met de trui moet doen, dat weet ik nog niet, maar dat vogel ik graag rustig zelf uit. Bovendien had de Ridder van de Tafelberg veel meer vriendinnetjes dan lievelingstruien. Misschien moet ik de trui in stukjes knippen zodat al zijn vriendinnetjes een stukje hebben. Misschien moet ik er elke nacht in slapen.

Ik wil zeggen dat ik erover moet nadenken, maar ze heeft de trui al gepakt en bedankt me met een dikke knuffel, die is het waard. Beer zou het met me eens zijn, wat die knuffel betreft, maar toch voel ik me een slechte Ridder van de Tafelberg.

Ik vraag me af of Beer als maagd is gestorven.

Ik ga naar het Vossius Gymnasium in Amsterdam. Voor de vakantie had ik al besloten dat ik niet naar dezelfde school wilde als Beer, dus dat was letterlijk een geluk bij een ongeluk. School wordt nu in ieder geval nooit een plek 'waar Beer niet meer is', zoals alle andere plekken. Hier weet niemand dat mijn broer dood is, want niemand weet dat ik ooit een broer heb gehad.

Op de introductiedag in het Archeon in Alphen aan de Rijn leren Matthijs en ik twee meisjes kennen, Helene en Marscha. We zitten samen in de bus terug naar Amsterdam. Matthijs en ik hebben de hele dag ons best gedaan indruk op ze te maken.

Ik wou dat Matthijs naar een andere school was gegaan, want hij is de enige die weet van Beer. Daar-

door kan ik, als hij erbij is, het verhaal niet meer verstoppen wanneer ik wil, het is alsof hij voortdurend
achter me aan sjokt met Beer in een kruiwagen, zonder dat hij het doorheeft.

Helene luistert naar Silverchair en Rage Against
The Machine. Ik laat haar de interlude van Snoop
Dog's *Doggystyle* horen ('*What you wanna do when you
grow up? I wanna be a motherfucking hussler!*').

Ze vraagt of ik broers of zussen heb en ik vertel
haar van Beer, want Matthijs is erbij. Ik vertel het snel,
droog, en zo volledig mogelijk zodat ze niets hoeft te
vragen. Hoewel het de eerste keer is dat ik het vertel,
schrik ik van mezelf, zo op de automatische piloot.

Ik merk dat ik hieraan ga wennen, dit vertellen, en
het maakt me ook een beetje trots dat het me lukt. Trots
dat ik het kan, maar boos dat het moet. Misschien zal
ik er wel steeds beter in worden. Vertellen dat je broer
dood is oefen je niet in de spiegel.

 Twee paar grote ogen staren me aan, de donkere
ogen van Marscha, die steeds heel even naar het raam
flitsen, en de grijze, opengesperde dopjes van Helene,
die me onophoudelijk, bijna schaamteloos blanco
aanstaren. Ik zit op mijn knieën achterstevoren op de
stoel van de bus, zodat ze een beetje omhoog moeten
kijken.

Als ik klaar ben met mijn broer als krantenbericht
vraagt Helene:

'Maar, heb je geen verdriet dan?'

En we schrikken allemaal. Ze probeert zichzelf te
redden door er nog snel een 'Ik bedoel, dat je het zo
kan vertellen,' aan vast te plakken. En hoewel ik weet

dat het vreemd klinkt, door de naïviteit haar stem heb ik het gevoel dat ik juist daarom heel goed verliefd op haar zou kunnen worden, en tegelijk, dat ik haar daarom natuurlijk nooit zal krijgen.

Het lukt me om te liegen dat ik het al vaak heb moeten vertellen, de afgelopen weken, maar merk dat ik ze geen antwoord meer hoef te geven.

De meisjes staren beschaamd uit het raam en durven niet verder te praten. Dat ik praat, is wonderlijk. Ze vragen Matthijs niet meer naar zijn broertjes en zusjes, terwijl ik weet dat hij de hele busreis terug zou kunnen vullen met anekdotes en grappige op heliumballonnen geïnspireerde stemmetjes. Hij verdient beter dan iemand naast zich met een loden verhaal dat alles verpest. Misschien ben ik het, die achter hem aan sjokt, met Beer in de kruiwagen.

Er zijn nu twee levens, school en thuis. School maak ik zo licht mogelijk: ik haal grappen uit, maar soms ben ik ook meedogenloos, zoals het hoort. Op school hoef ik nooit om te kijken, op school is Beer er nooit geweest. Het lukt me niet meer om aardig tegen Matthijs te doen, want hij was erbij toen ik van Beer hoorde. Het is alsof hij dat altijd tegen me kan gebruiken.

Thuis zijn het nu Lind en ik. Toen Alexander weg was, zaten Beer en ik tegenover elkaar, met Lind aan het hoofd. Nu zitten Lind en ik tegenover elkaar en praten over Beer, elke avond. Lind wil vooral aan Beer denken, aan hoe hij vroeger was. Niet alles wat ze zegt klopt; mijn geheugen is veel beter, maar ik neem het haar niet kwalijk.

Soms praten we ook over Hans de Zeeman. Hij laat niets van zich horen en was niet op de begrafenis van Beer. Lind weet dat hij al vijf kastelen heeft en een pak van Cerruti draagt. Ik ken dat merk niet, het klinkt als een soort citroen.

Voor Nederlands moet ik een kort verhaal schrijven, maar ik weet niet wat ik moet schrijven, dus ik speur in de kamer van Beer naar een idee. Beer was alleen goed in Nederlands en Engels.

In zijn kamer staan twee grote speakers in het midden. De rest van de kamer ligt eromheen. Op de speakers staan een mengpaneel en twee cd-spelers. Zijn apparatuur was heilig, zoals het haar van opa. Zelfs ik mocht er niet aankomen.

In de eerste la van zijn bureau liggen viltstiften, potloden, puntenslijpsel en een paar van zijn favoriete stenen. Hij verzamelde mooie stenen en alles over dinosauriërs, zelfs toen hij al naar de middelbare school ging.

In de tweede la liggen zijn schriften. In de wiskundeschriften staan vooral schetsen van een pak dat we samen hebben bedacht, een gestroomlijnd pak om te dragen tijdens het lasergamen. In het grammaticaschriftje staan oefeningen met trappen van vergelijking. Onderaan de lijst heeft Beer geschreven: 'Mooi, mooier, Beer.' Ernaast staat een gulle krul.

Achter in het opstellenschrift vind ik een kort verhaal over een jongetje op een schoolfeest. Het jongetje moet met een meisje schuifelen, maar hij durft niet en blijft bij de bakken chips en cocktailworstjes staan. Uiteindelijk schuifelt hij toch eventjes met een meisje, en onderweg naar huis, achter in de auto, valt hij in slaap en droomt over knakworstjes. Het is een onschuldig en simpel verhaaltje, maar dat maakt het zo mooi.

Ik besluit het over te schrijven en te gebruiken voor mijn korte verhaal.

De kamer van Beer is nog steeds de kamer van Beer, maar dan zonder Beer.

Onder zijn bed heb ik een grote rode vlek in de vloerbedekking gevonden. Het lijkt op verf. Rondom de vlek is het wit, waarschijnlijk is hij hem met bleek te lijf gegaan. Na wat detectivewerk vind ik een spuitbus rode verf. De spuitbus en het mengpaneel zijn dingen die Beer niet met me deelde. Maar de dingen van Beer zijn nu mijn schatten. Met die schatten maak ik de dingen af die hij begon.

Er is een winkel in de stad, een dure winkel die 'Fatbeats' heet. Ze verkopen er platen, stiften, cassettebandjes, en boeken met foto's waarop alles bol getrokken is, alsof er een stofzuiger op de lens zat waar de wereld in wordt gezogen.

Volgens mij weet de verkoper, een klein Engels mannetje dat het allemaal niet zoveel lijkt te kunnen schelen, dat ik niet weet waarnaar ik zoeken moet. Hij geeft me dingen aan en ik koop ze maar, dankbaar.

Op de cassettebandjes gebeuren merkwaardige dingen. Stukjes muziek die twee keer worden opgezet en de tweede keer een beetje anders zijn, met een eigenwijze stem die eroverheen drumt met woorden. De stem zegt dingen als: '*I don't take from science, because I'm a giver*' of '*living off borrowed time, the clock ticks faster*'. Zinnen die je als excuus kunt gebruiken.

Je kunt op meerdere manieren naar de muziek luisteren. 's Ochtends, op de fiets naar school, luister ik naar de dingen die de stem zegt. Dat zijn mijn tips voor de dag. Soms zijn de tips wat gewelddadig, met pistolen, maar dat zijn gelukkig meestal maar metaforische pistolen.

's Middags lopen Helene en ik samen naar huis, met de fiets in onze hand. We zetten kleine stapjes en houden onze hoofden vlak bij elkaar, zodat we de koptelefoon kunnen delen. Ze beweegt haar heupen en ik mijn hoofd, soms wat te hard, zodat we even moeten stoppen om de knoopjes terug in onze oren te prikken. Helene luistert niet naar de teksten, maar naar de beat, want ze wil erop kunnen dansen.

Als je bij hiphop naar de muziek luistert, dan worden de stemmen opeens een ritmisch instrument, dat is de tweede manier. Helene houdt van r&b en ik van hiphop. Ik wil dat ze ook van hiphop houdt, maar van haar hoef ik niet naar r&b te luisteren en dat kan ik niet uitstaan, dus ik kraak haar r&b af.

Mijn vader heeft me geleerd dat r&b niet de 'echte' r&b is, dus ik zeg: 'Waar jij naar luistert, dat is helemaal geen echte r&b.'

Helene zegt: 'Dat maakt me helemaal niet uit. Ik wil gewoon kunnen dansen.'

Ik ben niet aardig tegen Helene. Gewoon kunnen dansen. De zin blijft me irriteren. Uit haar mond klinkt het zo makkelijk. Ik wil tegen haar zeggen dat ik haar dom vind, maar ik doe het niet, want ik ben verliefd en zij is dat nog niet op mij. Helene doet haar ogen dicht en danst, nietsvermoedend. Ik wil ook opgaan in de muziek, meedoen, maar er is iets aan meedoen wat ik maar niet vertrouw.

Als ik 's avonds thuiskom, luister ik op de derde manier. Elk nummer is namelijk gemaakt van een ander, veel ouder nummer, soms zelfs van meerdere andere oudere nummers. De samples wapperen als vodden aan een waslijn tussen dikke drums, soms vallen er ritmische gaten in. De samples herhalen zich elke maat, alsof alleen die maat van het originele nummer nog bestond, en vlak voordat ook die maat vergeten was, gered werd door de makers van hiphop, mensen met drumcomputers. Superhelden. Er staan plaatjes van die machines op internet. Het zijn onbe-taalbare machines, met knoppen die zo groot zijn dat het moeilijk is te geloven dat het geen speelgoed is.

Mijn vader wil er niets van weten, nummers gemaakt van andere nummers, maar ik word boos en zeg dat zijn houding is als met de oorlog: je mag het niet vergeten en moet duidelijk zeggen: 'Dat was me wat!' Maar je mag er ook niet mee spelen door er bij-voorbeeld grapjes over te maken. Alsof het speelgoed is wat in het plastic moet blijven zodat je het nog aan iemand anders kan geven. Hoe kun je iets onthouden als je er niet mee mag spelen?

Ik wil niet meer naar Rogier om te tekenen en archi-tect te worden, ik wil dj'en. Op de platenhoezen in Fat-beats staan mensen met zilveren neuzen en ooglapjes. Op boeken die in een vitrine staan zodat er niet zomaar doorheen geduimd kan worden, staan treinen beschilderd met woorden die volgens mij niets betekenen. De woorden lijken soms op Barbapapa's en dan zijn ze onleesbaar, maar vaker zijn ze hoekig met diepte alsof je, als je op de juiste manier springt, erin kan klauteren. Als je om de hoek gaat, dan beweegt de zwaartekracht mee zoals in *Duke Nukem*.

Ik ken een paar jongens die ook zoiets doen. Ze maken geen grote tekeningen maar schieten door de nacht en zetten snelle krabbels van hun crew op de muren van de oude basisschool. Om te oefenen heb ik in het trappenhuis met mijn sleutel hun krabbel gekrast in een bronzen plakkaat waarop staat 'verboden fietsen te plaatsen'. Toen ze op een avond langskwamen zagen ze dat staan en nu heb ik mijn kansen verspeeld om erbij te mogen, want zoiets kan je niet zomaar doen. Je mag niet spontaan meedoen, je moet gevraagd worden. Ik vermoed dat ze die avond langskwamen om me erbij te vragen, maar toen ze zagen hoe graag ik wilde, besloten ze er vanaf te zien.

Ik heb ook een videoband over jongens in brandschone witte trainingspakken met blauwe strepen en snorretjes die nog niet helemaal af zijn. Op de banden is te zien hoe ze bij iemand thuis stukken karton verzamelen, die aan elkaar plakken tot één grote plaat, dat opvouwen, naar een pleintje dragen, uitvouwen en er om beurten op dansen. Iedereen danst een klein beetje anders, maar iedereen draait voortdurend. Om hun handen, op hun hoofd, om elkaar of op één elleboog.

Het ziet er niet erg gezellig uit. Dat is een beetje het ding van hiphop: het mag er niet al te gezellig uitzien en het mag er ook niet uitzien alsof het erg moeilijk is. Het mag geen pijn doen en je mag niet vies worden. Al breek je een elleboog, als je klaar bent vouw je je armen achteloos over elkaar, want huilen is voor later. Het zijn ongeschreven regels, want schrijven is voor op de muren. Alles heeft een plek en alles gaat om stijl.

De banden, boeken, platen en cassettes zijn duur, maar als ik veertien word, vraag ik iedereen naar die winkel te gaan om er iets voor me te kopen. Ik weet niet zo goed waarmee ik moet beginnen, de jongens hebben zoveel plezier met hun dans op karton en lijken net zo oud te zijn als ik. Op internet zoek ik naar meer filmpjes, of liever, een goed oefenboek, maar dat is er niet.

Om de hoek van mijn huis woont een lange bleke Russische jongen die beweegt zoals The Fresh Prince. Zijn moeder is kunstenares en heeft een groot atelier met een gladde vloer waarop we de video die ik voor mijn verjaardag heb gekregen na proberen te doen. Het doet pijn, we doen waarschijnlijk iets fout.

Die avond probeer ik met blauwe schouders en een vreemde bobbel op mijn onderrug op internet meer mensen in Amsterdam te vinden die het ook doen. Via een Zwitserse site vind ik een meisje met een Franse naam dat me uitnodigt een keer langs te komen. Ze 'trainen' (ze noemen het trainen) op een plek die Ganzenhoef heet en Lind zegt dat het in de Bijlmer is, waar de metro's naartoe gaan.

Ik besluit me net zo te kleden als de hiphoppers

op de video, maar dat is niet zo makkelijk, want hip-hop bestaat al een tijdje, dus de logo's op de trainings-pakken zijn inmiddels veranderd. Onderweg staan op de metro's dezelfde grote letters als in de boeken in Fatbeats, maar ze zijn ruwer, kleiner, met minder kleuren, werelden waar je niet zomaar induikt, waar kennelijk niet iedereen welkom is. Ik kijk de hele tijd naar het bordje met de haltes, er mag nu niets verkeerd gaan. Hoe dieper ik in de Bijlmer kom, hoe minder witte mensen er overblijven; de witte mensen die wel overblijven houden Duitse bierblikjes vast en hangen tegen de ramen.

Vanaf de metro naar Ganzenhoef is het nog een korte wandeling, die ik thuis heb uitgestippeld. In Ganzenhoef lopen jongens met witte glimmende pet-jes die zo hoog op hun haar staan dat ze er bijna boven lijken te zweven.

In het gymlokaal draaien mensen rondjes zoals op de video en ze hebben ook een beetje hetzelfde aan. Ze zijn, net als op de video, uitgesproken nonchalant. Het Franse meisje praat met een lange magere jongen die in een schoenenwinkel werkt en danst als een lappen-pop. Eigenlijk is hij beroemd, want hij is een keer bijna de beste danser van Europa geworden. Nu is hij kaal omdat hij te vaak op zijn hoofd heeft gedraaid en ver-koopt sportschoenen. Hij vertelt dat hij niet voor zijn kleren hoeft te betalen omdat merken soms aan hem vragen rondjes te draaien in hun kleren, die hij dan mag houden.

Er is ook een lange man met wit haar, hij danst niet. Ze noemen hem de 'spookrijder'. Ik vraag hem of hij zo heet omdat hij zijn rondjes de andere kant op draait, maar hij reageert beledigd dat ik hem van de televisie had moeten herkennen.

Vlak voor de spiegel staat een klein gespierd mannetje uit Iran. Hij danst alleen maar met zichzelf op tien centimeter afstand van de spiegel. Het Franse meisje vertelt dat hij in een kelder heeft leren dansen en soms zweepslagen kreeg als hij het per ongeluk buiten deed. Ze liegt niet, hij heeft littekens op zijn rug. Door de spiegel tuurt hij naar zijn sleutelbeen, dat hij een andere richting op probeert te bewegen dan de rest van zijn lichaam.

Ik bedank het meisje voor de uitnodiging om te komen dansen, maar dat vindt ze raar. Ze zegt: 'Logisch toch? *Each one teach one*, weet je wel?' En ik zeg dat ik dat wel weet.

Het is zaterdagochtend. De telefoon gaat. Het is Alexander.

'Hey, Mos.' Zijn stem klinkt, zoals altijd, een beetje verbaasd. 'Ja, het is heel vreemd. Ik kan me niet bewegen!'

Gebrek aan beweging vind ik een wel heel wanhopig excuus om mij zijn kant op te laten komen. Hij wil altijd dat ik bij hem langskom, altijd in een café in zijn Prinsenstraat. Zijn kantoor is een berg enveloppen met een bureau eronder, op de verdieping boven zijn stamcafé De Klok. Hij slaapt in de kamer ernaast, er ligt een matras op de grond. Rondom de matras liggen bierviltjes en stapeltjes oude kranten.

'Waar ben je, papa?' Af en toe noem ik hem expres papa in de hoop dat hij zich ook een beetje zo voelt.

'Ik weet het niet! Ik lig in een bed en er komen din-getjes uit me. Slangetjes.'

Snel geef ik de telefoon aan mijn moeder. Het blijkt dat hij die nacht dronken van de trap is gevallen. Hij heeft een partiële dwarslaesie, wat betekent dat het allemaal wel goed komt, maar dat het even duurt voordat hij weer kan lopen.

Als ik aan zijn bed sta, ben ik een beetje bang, maar ik wil stoer zijn, want ik heb net hiphop ontdekt, dat is de houding. Mijn vader spartelt een beetje, net genoeg om steeds wat in de lakens verstrikt te raken, of ze in het geheel van zich af te werpen. Het enige waar ik aan kan denken is een platenspeler. Ze zijn er in het zwart, zilver en goud. Je kan ze kopen bij een winkel op de Overtoom die eigenlijk niet zomaar aan gewone mensen verkoopt, maar aan mensen met bedrijven.

Alexander heeft vannacht in zijn spijkerbroek gepoept en die zit nog in het ziekenhuiskastje dat ik per ongeluk opendoe als ik zijn bril voor hem moet zoeken.

Voor de grap pak ik een draadje dat uit zijn hand steekt en knijp er een beetje in, terwijl ik zo onnozel mogelijk vraag: 'Wat is dit?'

Er schieten belletjes door het draadje, zijn hand in. Hij schreeuwt van pijn, een korte harde 'Au!' Dat was gemeen van me.

Om het een beetje goed te maken zeg ik: 'Als ik een platenspeler voor mijn verjaardag krijg, dan doe ik het niet nog een keer,' en als hij meteen 'ja' zegt, dan realiseer ik me dat ik iets nog gemeners heb gedaan, al helemaal omdat ik weet dat hij diep in de schulden zit en geen flauw idee heeft wat die dingen kosten.

Zo verdien ik mijn eerste Technics-draaitafel, door mijn tijdelijk nogal verlamde vader subtiel te martelen.

We kijken naar *The Beach*. We zitten op het strand van Ko Samet aan een wit plastic tafeltje en drinken bier dat naar terracotta smaakt.

Links van me zit Hannah. Onder het tafeltje grijpt ze soms mijn hand, ze vindt het een spannende film. Haar vingers zijn langer en dunner dan die van mij. Haar ringen duwen putjes in de zijkanten van mijn vingers, maar ik durf niet los te laten. Mijn handen zijn een beetje klam. Voor ons staan twee dikke korte flesjes bier, die zweten van de hitte. In die van mij zit nog te veel, ik drink nog niet zo lang, maar bier is bitter en bitter is goed. Achter ons zitten Erwin, Ronald en het homeopathische vrouwtje. Ze zijn ook onderdeel van het reisgezelschap.

Lind en ik reizen een maand met een groep door Thailand. Lind wil wraak op het leven nemen vanwege Beer, dus we maken verre reizen, maar wel in groepen, want dan ben ik niet 'alleen met mijn oude moeder'. Zo zegt ze dat.

Toen we in de trein van Bangkok naar Chiang Mai zaten, zag ik Hannah zich omkleden. Ik gluurde door het gordijntje van mijn bedstee naar die van haar, we lagen allebei boven. Ze heeft de borst van een jongen.

Ze zegt: 'Ik weet heus wel dat je naar me gluurde in de trein.' Ik teken een gezichtje in het zweet van het biertje.

'Ik heb de borst van een jongen,' bekent ze.

Hannah heeft de ogen van Boeddha. Dat zeg ik haar, maar ze zegt gekwetst dat Boeddha een jongen was.

Hannah is zesentwintig. Ik ben vijftien. Ze is veel langer dan ik. Toen we met de tuktuk door Chiang Mai scheurden zat ik tussen haar benen, ze zei dat ze er een koude poes van kreeg. Haar hysterische reisgezel met blauwe hysterische ogen en hysterische pijpenkrullen die naast ons zat, zei daarop dat ik dan waarschijnlijk iets niet goed deed. Ze moesten er hard om lachen, maar mijn lach was veel te laat en zo onnozel, dat ik verder geen pogingen meer heb ondernomen haar poes warm te houden.

In de clubs danste ik met de Thaise meisjes, al weet ik niet of het allemaal meisjes waren, en aan het eind van de avond nam Hannah me mee naar het hotel. Bij de ingang zat Lind op een stoepje te wachten, met haar hoofd in haar handen. Toen ze ons aan zag komen scheuren, achterin de tuktuk, Hannah, haar warm-gehouden poes en ik, beende ze driftig naar binnen, zonder iets te zeggen. Lind beent precies zo driftig als Beer dat deed, een soort geheime vorm van drift: boze benen die harde, kleine stappen nemen, met daarop een bovenlichaam dat niet helemaal bij de benen lijkt te willen horen.

Na een trektocht door de bergen bij Chiang Mai rook-ten we een rare grote joint met oranje dingetjes erin, waarvan ik het gevoel kreeg dat ik in een onophoude-lijke, achterwaartse salto gevangen zat. Hannah zong 'Under The Bridge' van de Red Hot Chili Peppers, en ik kon een stukje meezingen, dankzij het nummer 'Brooklyn' van Mos Def dat ik op mijn walkman had staan. Lind was er niet bij, de tocht door de bergen was haar te zwaar.

The Beach is afgelopen, maar iedereen blijft zitten. Han-nah draagt een witte broek met grote rode stippen. Ze fluistert dat haar vorige vriendje aan zichzelf zat ter-wijl ze naast hem lag. Omdat ik niet zo goed weet wat ik daarmee aan moet besluit ik haar ook een verhaal te vertellen, over de enige keer dat er een meisje bleef sla-pen en mijn dramatische seksueel presteren, waarvan ik het tijdstip de schuld gaf. Mijn verhaal maakt alleen maar pijnlijk duidelijk hoeveel jonger ik ben.

Ik kijk om me heen. Zelfs het vrouwtje dat me stie-kem homeopathische middeltjes toestopte toen ik voedselvergiftiging had, zit er nog. Niemand is van plan te vertrekken, ze willen me beschermen, want ze hebben onze handen samen gezien. We zijn in het land van verboden liefde, van meisjes en jongetjes met dikke Duitsers uit Kassel en dat soort namen.

In een onbeleefd moment van halve dronkenschap besluit ik dat het zo wel weer genoeg is en terwijl zij meer bier haalt sluip ik ertussenuit, gerustgestelde blikken en schouderklopjes ontwijkend.

Als ik al bijna bij mijn strohutje ben, hoor ik mijn naam roepen. Ik hou er niet van mijn naam achter me te horen. Als het ergens druk is en iemand roept me van een afstand, dan doe ik altijd alsof ik iemand anders ben. In het openbaar is mijn naam een geheim.

Als ik me omdraai zie ik Hannah aan komen rennen. Ze heeft te brede schouders en te smalle heupen. Af en toe lijkt het alsof ze probeert te bukken voor de tl-buizen die door de palmbladeren slingeren, steeds harder, storm op komst, alsof het oorbellen zijn van een reuzin die het hoofd schudt uit ongeloof. Soms zie ik haar even niet, door de deinende schaduwen. Ik kan niet besluiten of ik ook moet rennen, dus ik ren maar een soort van beetje.

Opeens staat ze voor mijn neus, ze wil iets zeggen, maar we zoenen. We zoenen ons naar een strohutje iets verderop, vallen in de greppel daaromheen. Ik voel haar willen, dat is nieuw. Er is geen twijfel, de enige die twijfelt, dat ben ik, zoals altijd. Of niemand het doorheeft, of mijn rug op dit moment het web van een dodelijke spin verpest. Of dit wel kan, of ík dit wel kan. Dat ik dit wil en het daarom misschien wel niet kan. Ik schud, zonder dat ze het merkt, in het donker van nee.

Als we terug in Bangkok zijn merk ik dat iemand bij mijn moeder over Hannah heeft geklikt. Ze heeft nu ook de starre blik van Beer, benadrukt door die driftige pasjes. De vastberadenheid om boos te zijn en het onvermogen om het te blijven, de zelfverloochening die volgt. Een bitter staartje. Wrang hoe liefde in zorg verzandt.

Niemand heeft met de tickets gesjoemeld en toch vliegen Hannah en ik tot Frankfurt hand in hand, anoniem onder het grijze dekentje van Lufthansa.

Eenmaal thuis krijg ik van mijn moeder een boek dat over de onmogelijkheid van liefde met leeftijdsverschil schijnt te gaan. Het heet *De voorlezer*, maar ik lees het niet, behalve de passages die me opwinden. Ze vraagt me bijna elke dag of ik Hannah nog heb gesproken. Soms belt Hannah me, ze heeft mijn nummer, maar ik neem niet op, want dan moet ik erover liegen, en ik gaap nog steeds wanneer ik lieg.

Op het Vossius Gymnasium organiseerde ik de feestjes. Voor het laatste uur van het eindfeest had ik een dure dj geboekt. Een week voor het feest kreeg ik een telefoontje van mijn favoriete leraar, die normaal niets met schoolfeesten te maken had. Hij vertelde dat hij me namens de schoolleiding moest zeggen dat het feest een uur eerder afgelopen zou zijn.

Omdat het mijn favoriete leraar was, zei ik: 'Jammer, maar het is niet anders.'

Hij zei: 'Fijn dat we elkaar begrijpen.'

Ik belde de eigenaar van de club die ik had afgehuurd om hem te vertellen dat er, een uur voor het einde, weleens een paar vervelende meneren zouden kunnen zijn die het feest zouden proberen te stoppen. De clubeigenaar zei dat hij wel wist wat hij met dat soort types aan moest.

Hij zei: 'Het contract staat op jouw naam, ik luister alleen naar wat jij zegt.'

Ik zei: 'Fijn dat we elkaar begrijpen.'

Ik zei niet dat ik minderjarig was en eigenlijk helemaal geen contracten mocht tekenen.

Het feest verliep zoals gepland, de afgevaardigden van de schoolleiding stonden te tieren bij de clubeigenaar en werden eerst vriendelijk, daarna minder vriendelijk verzocht de club te verlaten. Het was een geslaagd feest.

De volgende dag werd ik op het matje geroepen. De rectrix van de school begon, met angstaanjagende ogen: 'Je hebt je niet aan de afspraak gehouden.'

Ik zei dat ik vond dat je een afspraak met z'n tweeën maakt, maar ze was niet onder de indruk.

Ze vervolgde: 'We zijn hier heel zakelijk in. Je mag bij ons je eindexamenpapiertje halen, maar niet van harte. En je zult begrijpen dat we de dingen die je organiseert niet meer steunen, want je hebt bewezen dat we je niet kunnen vertrouwen.'

Daar hadden ze gelijk in. Ik was niet te vertrouwen en ik was er trots op.

Ik vroeg: 'En hoe zit het met de reis naar Auschwitz?' Want ik had voor een handvol leerlingen georganiseerd dat ze met een groep mee konden naar de Poolse concentratiekampen. Het enige wat de school had hoeven doen, was ze een week vrij geven.

Het was even stil. Toen zei mijn lievelingsleraar, met wie ik het plan voor de reis had bedacht, en die overigens nog niets had gezegd, op gekrenkte toon: 'Het lijkt me duidelijk dat die ook van de baan is.'

Ik zou graag willen zeggen dat ik toen ben opge-
staan met de woorden: 'Dan haal ik mijn eindexamenpapiertje toch lekker ergens anders,' om vervolgens op
imposante wijze het lokaal te verlaten. Helaas dacht ik
er niet aan die dingen te zeggen en ik heb nog steeds
geen imposante manier bedacht waarop ik het lokaal
had kunnen verlaten. In plaats daarvan stamelde ik
hoe jammer het was dat we er samen niet uit hadden
kunnen komen. Ik schuifelde de kamer uit en ben
nooit meer teruggekomen.

Gelukkig wilde een rivaliserende school, het Barlaeus,
me wel hebben, niet vanwege de rivaliteit en al helemaal niet vanwege mijn cijfers, maar vanwege Beer,
die naar de derde klas zou gaan voordat hij sprong. Ze
waren hem niet vergeten en verwelkomden me als een
oude jas.

Het is al even lente, het eindexamen is nog ver genoeg
om dingen te doen die wel de moeite waard zijn, zoals
je benen van de brug laten bungelen en picknicks te
improviseren met pitloze druiven en vette vis.
    Ik ben nauwelijks achttien en doe alles nog te
kort om er verslaafd aan te zijn, heb te weinig baard-
groei om ongeschoren te zijn. Machiavelli ligt totaal
onleesbaar op schoot, vooral vanwege de mooie rode
kaft. Ik heb het gekregen van een vriend die, sinds hij
het heeft gelezen, met de vriendinnen van zijn vrienden probeert te zoenen met als argument dat hij zijn
vrienden daarmee een dienst bewijst.
    Een rondvaartboot glijdt onder de brug vandaan.

Binnen zitten wat grijze en Engelse muizen, alsof ze de lente alleen van horen zeggen kennen. Achterin, buiten, rookt een vrouw. We kijken elkaar aan, lang. Ze maakt een foto van me, laat, vlak voordat de boot onder de volgende brug duikt. Het lijkt alsof ik haar herken, maar ik corrigeer mezelf, want ik denk wel vaker iemand te herkennen die ik nog nooit eerder heb gezien. Het is het soort herkennen dat je veinst om de dingen kleiner te maken, de wereld in de droger.

Ik weet hoe het is om niet herkend te worden, mensen herkennen mij nooit omdat ik blijf veranderen, zeggen ze.

Op het oliewater drijven kleine beige blaadjes en de eerste muggen van het seizoen. Hooikoorts hangt in de lucht, de fietsers niezen. Het gevoel bekruipt me dat vanaf nu de zomers voorbij gaan vliegen en ik vouw met mijn nagel een scherp ezelsoor in Machiavelli, alsof die me eraan moet herinneren dat ik dat met deze zomer niet mag laten gebeuren.

Ik zie mezelf van brug naar brug vliegen, achter de rondvaartboot aan. De grijze muizen zouden ook naar buiten komen en met de vrouw lachend sigaretten roken totdat de rondvaartboot zou aanmeren.

Eindelijk, eindelijk zou ik de affaire beginnen die ik altijd al had verdiend. Zij zou elke dag een andere zonnebril dragen en alleen ik zou haar ogen mogen zien. We zouden heel veel tonijn eten, ik zou nooit mijn rijbewijs hoeven halen en altijd de kaart in de auto lezen als we ergens naartoe gaan en ze zou me geloven, wat de gps ook zegt. Ik zou de kaart lezen omdat ze vindt dat ik dat goed kan. Het is vreemd, maar weinig kan zoveel lichtelijk erotisch genoegen geven als een vrouw die je vertelt dat je de weg weet, of je de weg vraagt. Of die überhaupt ergens naartoe onderweg is.

Opeens dringt tot me door dat ik de vrouw in de rondvaartboot ken. Het is Hannah, maar ik ben te laat om haar te volgen en laat haar varen.

Ik heb een blond, mager vriendinnetje, Jana, dat geregeld in haar buik knijpt en met een babystemmetje piept 'vetje!'

We staan op het punt samen te gaan wonen. Haar ouders hebben een appartement voor haar gekocht op de gracht en ik ga erbij. Ze is grappig en kan niet zo goed dansen, dus maakt ze sprongetjes waarbij ze haar hoofd in haar nek gooit, de handjes flappert en heen en weer springt. Ik durf niet voor haar te dansen, want ik kan nog steeds niet dansen en vergeten. Ze heeft mij uitgekozen, zegt ze, want ik deed haar aan haar neef denken, maar dan minder goed gekleed.

Er was me verteld dat Jana waarschijnlijk niet geïnteresseerd zou zijn in quasi-alternatieve types zoals ik, maar meer in Ajacieden. We kregen inderdaad iets in

een periode dat ik meer bezig was met zaken als concentratiekampen dan met mijn uiterlijk, dat is waar.
Ze overkwam me een beetje, moet ik bekennen, maar
er gebeurde nét niet genoeg op een iets te beheerst en
te snel afgelopen schoolfeest om tijdens de daarop-
volgende kerstvakantie te blijven flirten per sms. Ze
stuurde een sms'je dat ze in Parijs zat met pijnlijke
voeten van het winkelen en ik bood haar vervolgens
aan nieuwe voeten te komen brengen. Ik kreeg geen
antwoord, omdat ze, zo hoorde ik later, bang was dat ik
het meende.

Toen ze terug was deden we alles volgens het
boekje, zoals zoenen bij haar voordeur met de fietsen nog tussen ons in, en lippen die elkaar eerder los
weten te laten dan de trappers van haar mountainbike
en de spaken van mijn barrel. De spanning zat hem
in het ritueel van de date. Het uitkiezen van het restaurant (waar een mooie vriendin werkte, zodat ze
zag dat ik ook mooie mensen ken, zoals Ajacieden), het
uitkiezen van de film erna (zo'n onbegrijpelijke, die,
als ik het me goed herinner, ging over een muzikant
die gevangen zit in een schilderij van een dwerg die
achteruit praat vanwege twee lesbiennes die eigenlijk
dood zijn omdat een boze indiaan zich achter een container heeft verstopt).

Ze is opgegroeid in een gouden kooitje.

Haar vader is een creatieve legende, een soort
beroemdheid, wat de vrouwen in zijn vergulde kooi
hem soms opvallend kwalijk nemen. Dan kwetteren
ze verongelijkt, ze vragen hem dingen zonder op een

antwoord te wachten, terwijl hij achterover zit om leeg te lopen van de dag. Hij wacht en kijkt mij door zijn gigantische montuur moe, lachend aan. Alsof hij wil zeggen: ja jongen, maar maak je geen zorgen hoor, het is verder prima vertoeven. En alsof hij ze dan wil straffen staat hij op en wrijft zich in zijn handen, precies zoals opa deed in afwachting van jenever, hij knoopt zijn ribfluwelen colbert dicht en haalt een zwaar vulpotlood uit zijn borstzak. Hij kijkt me aan met hoog opgeheven wenkbrauwen en mompelt 'even een tekeningetje maken'. Dan zet hij koers naar zijn tekentafel in de kelder.

Hij leert me dat Kuifje een uitstekende combinatie is met het doen van een grote behoefte, dat goud het best tot zijn recht komt in donkere ruimten en dat je het dragen van blauwe pakken te allen tijde moet vermijden. Dat soort dingen.

In de zomer zitten we in Frankrijk in het huisje van de familie van Jana. We maken ritjes in de Mehari naar plekken waar scènes uit Tati-films zijn opgenomen, en we bezoeken de lokale excentriekelingen, zoals Graham, de magere juwelenmaker uit Londen met zijn vooroorlogse motor en zelfgestookte likeuren. Of Thom en Alain, het homostel dat Eminem blaast in hun Porsche Cayenne.

Overdag hannes ik met een tekentafel en 's avonds spelen we *petanque* onder het genot van worstjes en augurken, met niemand iets te maken behalve met een familie die de mijne niet is.

Jana wil dat ik iets meer ben zoals haar neef. Haar neef heeft overal vriendjes en komt in alle clubs gratis naar binnen. Soms koopt hij een huis, hij knapt het op en verkoopt het door, zodat hij geld heeft voor een surfvakantie. Niemand neemt snellere beslissingen dan hij. Als ik een beslissing moet nemen, dan beweeg ik eerst mijn voorhoofd heen-en-weer alsof ik er liggende achtjes mee wil tekenen. Jana vindt dat vervelend. Volgens mij neem ik veel betere beslissingen dan de neef van Jana, het zijn er gewoon een stuk minder.

Jana vindt dat ik best wat vlotter mag zijn. Ik verander graag, liever dan dat ik mezelf blijf, maar ik denk niet dat ik dat uit kan leggen. We waren een keer met haar neef in een club, toen hij zei dat Jana gek werd van de beren die ik op de weg zie. Ik vond het beeld van mijzelf op een weg met beren heel grappig, omdat ik zelf erg smal ben en beren erg dik zijn. Ik wilde hem graag laten weten dat ik zijn grap zeer waardeerde, dus elke keer dat we ons langs dikke mensen wurmden, riep ik: 'Beren op de weg!' Maar Jana en haar neef konden er niet om lachen.

Mijn vader woont nog steeds in de Prinsenstraat, op de verdieping boven zijn stamcafé. Soms lopen Jana en ik langs het café, want het gouden kooitje is om de hoek. Hij zit er wat gebogen achter het raam, steeds verder van zijn tafeltje omdat zijn buik in de weg begint te zitten. Jana komt er liever niet, dus we lopen er snel langs, aan de overkant van de straat. Er liggen laagjes kranten om Alexander heen, maar hij slaat de pagina's niet om. Hij heeft altijd een hand aan zijn gezicht, zijn gelige nagels drukken de rimpels steeds dieper in zijn voorhoofd. Zo nu en dan tuurt hij als een slinkse uil boven zijn grote ronde bril met dun montuur uit, dan duikt hij weer in zijn kranten met het begin van een rochel. Het is alsof hij in steeds kleinere cirkels beweegt. In het midden van die cirkel staat een biertje op een cafétafel.

Beer en ik logeerden soms bij hem in de Prinsenstraat, maar nooit langer dan één nacht. We konden niets met de computer, want die zat tjokvol virussen die Beer erop had gezet. De computer mocht nooit uit en er zat alleen dos op, dus als we een spelletje wilden spelen, moesten we het eerst zelf schrijven in programmeertaal. Maar omdat het heel moeilijk is een spelletje te schrijven in programmeertaal, besloten we dat we beter konden proberen nog meer virussen voor de computer te maken, zodat er sneller een nieuwe computer moest komen waarmee we wel gewoon spelletjes konden spelen.

Sinds de dood van Beer zegt Alexander dat er iets in hem is geknapt, en terwijl hij dat zegt, vouwt hij vier vingers in zijn handpalm en drukt zijn duim op zijn wijsvinger, alsof zijn hand een blikje prik is dat langzaam leegloopt. Hij zegt dat hij geen energie meer heeft en dat hij nooit zal vergeten hoe het café hem heeft opgevangen. Elke dag eet hij niet meer dan een tosti en een portie ossenworst, altijd met de krant voor zijn neus, want dat is zijn oude beroep. 's Middags zit hij in De Vergulde Gaper, 's avonds in De Klok.

Als ik er kom is het café vrijwel leeg, het doet me hier altijd denken aan Beers favoriete attractie in het Stedelijk Museum: *The Beanery* van Edward Kienholz, het café met de klokkenhoofdmensen, waar hij me zo vaak over heeft verteld, maar waar ik samen met hem nooit ben geweest. Alexander kijkt me verbaasd en wat geamuseerd aan, alsof hij een binnenpretje onderdrukt.

'Hey!'

'Hey!'

Ik bestel een colaatje dat naar chloor ruikt en naar bier smaakt. 'Moet je niet iets zeggen?' vraag ik.

'Wat dan?'

'Nou, gefeliciteerd!'

'Ben je jarig dan? Wat grappig!' zegt mijn vader.

'Hoezo?'

'Nou, ik heb een zoon die ook jarig is vandaag!'

Het is lang geleden dat mijn vader weer grappig was, maar dit is niet het soort humor dat ik van hem ken. Leuk.

'Dat is inderdaad grappig. Misschien ken ik hem wel,' speel ik mee.

Het is even stil.

'Zeg, waar woon je eigenlijk?' vraagt Alexander.

'Ik woon op het Minervaplein.'

'Hè? Wat toevallig!'

'Hoezo?' Ik wist niet dat mijn vader zo leuk acteert. Hij doet het olijk en opgewekt.

'Nou, ik heb een zoon die daar ook woont!'

'Ja, dat weet ik! We zijn hele goeie...'

Het dringt nu pas tot me door. Hij probeert erachter te komen wie ik ben.

Alexander loopt naar zijn terras. Hij draagt een veel te grote paarse pullover, de rafelige mouwen hangen ver over zijn handen, waardoor het lijkt alsof de plastic tasjes met oude kranten die hij vasthoudt gigantische wanten zijn. Op de hoek van de Prinsenstraat en de Prinsengracht stopt hij en kijkt op. Een motor rijdt voorbij, die hij boos nakijkt.

Alexander houdt niet van grote auto's en motors. Er stond een keer een lang stuk van hem in de krant, waarin hij pleit voor kleinere autootjes. Op de foto zit hij sympathiek lachend op een amsterdammertje, in een pak, met een flinterdun dasje, alsof er een briefopener om zijn nek hangt. Dat moet tien jaar geleden zijn geweest.

Ik denk aan het kleine witte autootje. Het staat hier

ergens aan een van de grachten, al jaren. Soms leent iemand het, parkeert het een straatje verder en laat als bedankje een paar lege biertjes of een condoom op de achterbank achter. Ik wil dat autootje nog steeds een keer optillen.

Alexander steekt de straat over en ik zie dat hij pantoffels draagt. Voor het terras van De Twee Prinsen blijft hij staan. De mevrouw aan het eerste tafeltje zit de krant te lezen.

Alexander zegt gedecideerd, maar luid, veel te luid: 'Pardon mevrouw, dat is mijn krant,' en prikt met zijn wijsvinger in het papier.

De mevrouw, die een toerist blijkt te zijn, geeft hem de krant. Alexander stopt hem in een van zijn tasjes. Dan kijkt hij naar de tafeltjes op het terras en weer naar de mevrouw en zegt: 'Pardon mevrouw. Dat is mijn tafeltje.'

Ik besluit in te grijpen en wuif naar Alexander. 'Vandaag zitten we hier, Alexander!'

Als hij zich eenmaal een weg heeft gebaand tussen de tafeltjes, kijkt hij nog even om naar de beledigde toerist en zegt verongelijkt tegen mij: 'Maar normaal zit ik dáár.'

We bestellen tomatensap, thee, ossenworst en een biertje.

Alexander mag hier alleen nog zitten als ik erbij ben en de rekening meteen betaal. In het eerste café, waar hij zo van hield, maar dat hij nu haat, mag hij niet meer komen. Niet zozeer omdat hij te vaak de rekening niet kon betalen, maar omdat hij elke dag de leestafel kwam bezetten. In het eerste café kwamen journalisten met grijze pakken, kunstenaars en muzikanten. In het tweede café, aan de overkant van de straat, kwamen alleen toeristen, zoals hier. Daarom moest hij er weg: het tafeltje, waar hij de hele dag zat, bracht niet genoeg op. Eerst dronk hij genoeg biertjes, maar later dronk hij precies één biertje per uur en dat was niet genoeg om een krantengier van een tafeltje te voorzien. In dit café, waar ze aardiger zijn, gaat het ze vooral om de rekening, want die moet dagelijks betaald worden en dat vindt Alexander belachelijk.

Ik vraag me af hoe lang hij hier zal mogen komen. In dit café zitten vreemde, vaak dezelfde mensen, zoals Anneke, het vriendinnetje van Alexander, dat een proefschrift heeft geschreven en soms opeens hard moet huilen, of de nare man met een witte baard die op slippers langs schuifelt, bij het tafeltje van Alexander blijft staan en verwachtingsvol aan hem vraagt of het wel slecht met hem gaat.

Bij de thee komt een speculaasje, dat ik graag afsta aan Alexander. Hij knikt en bedankt mij beleefd. We zijn allebei gesteld op rituelen. We delen de ossenworst, waarbij chilisaus komt, want de mosterd is op, en dat vinden we maar niks. In de details vieren we onze band.

Alexander geeft vanavond een verjaardagsfeest in een ruimte in de buurt. We gaan de boel eerst inspecteren. Ik ben al eens in die ruimte geweest voor een schoolfeest. Er hangen maskers aan de muur, met kleine tralies op de plek waar de mond zou moeten zitten, maar dat lijkt Alexander niets uit te maken, want de ruimte is om de hoek en goedkoop. Hij vindt vooral dat om de hoek al goed genoeg en geld begrijpt hij al heel lang niet meer.

Ik heb een selectie van zijn oude platen en tapes overgenomen en op een cd gebrand, want ik ga dj'en. In het dj-hokje staan allemaal tranceplaten die ik ga proberen te mengen met de blues van Alexander. Hij wil geen cadeautjes, maar geld om het feest te kunnen betalen. Daarvoor zal ik een schoenendoos versieren met Laurel & Hardy-plaatjes, de enige helden die hij nog herkent.

De grachten zijn alles voor Alexander. Het is alsof 'de grachten' een serie heertjes is waar Alexander zich tussen heeft geschaard. Hij hoeft alleen nog de dingen aan hem voorbij te laten gaan, als een monument. Iedereen is welkom. Soms schuift iemand bij hem aan, hij knikt ze beleefd toe. Het maakt niet uit of hij ze kent, want Alexander is altijd beleefd, hij geeft iedereen een handje.

Zijn huis bestaat voornamelijk uit ongeopende brieven die tafels en kantoorstoelen begraven. Vroeger zat iemand aan die tafels en op die stoelen, maar nu liggen er brieven te wachten tot iemand ze opent met de briefopener die Beer en ik als zwaard gebruikten. De brieven hebben inmiddels bonte kleuren, reclamepost, ze zijn allang niet belangrijk meer. Door het hele huis staan flesjes Odol mondverfrisser als kleine wachtertjes opgesteld, want Alexander koopt elke week een flesje.

Volgens mij heeft hij nooit echt bij iemand gehoord, hij hoorde meer bij plekken. Als hij een feestje gaf, dan bemoeide hij zich meer met het feestje dan met de gasten. Als er muziek was, dan speelde hij trompet. Hij heeft nooit in het publiek gestaan. Wanneer het feest groot genoeg was, dan maakte hij voor de gelegenheid een krant. Hij deed alles om erbij te horen, zonder mee te hoeven doen.

Nu hij alzheimer heeft, hoort hij bij de grachten.

Ik vraag Alexander wat hij zo fijn vindt aan de grachten. Hij knikt naar de bomen langs het water, alsof hij ze boom voor boom begroet. 'Hier is alles. Iedereen weet me hier te vinden.' Daar heeft hij gelijk in.

Alexander is weer gevallen. Hij kan zich nog wel bewegen, maar hij heeft een wond op zijn voorhoofd in de vorm van een vraagteken. Ik vind het een gepaste wond voor iemand met alzheimer.

Het is de derde keer dat hij het einde van de trap niet haalt. In de vier cafés waar hij graag zit mag hij niet meer komen. Ze zijn alle vier bij hem in de straat, en als hij verder moet, dan verdwaalt hij. Lind en ik besluiten om hem vanuit het ziekenhuis meteen naar een verzorgingshuis te brengen, in de hoop dat hij het niet merkt.

We hebben vier dagen. De eerste dag proberen we ervoor te zorgen dat hij de slangetjes van het infuus er niet uit trekt en de pillen gedwee doorslikt. De tweede dag ruimen we zijn huis op. Als het leeg is, staat er alleen nog een goedkope, doorgezakte rieten stoel van Ikea, met daarin een plompe vuilniszak. Het is net Alexander zelf. De derde dag proberen we zijn oude huis na te maken in de nieuwe kamer in het verzorgingshuis aan de Brouwersgracht. We zetten een ronde eiken cafétafel neer, waaraan hij vroeger zijn klanten ontving, en een nieuwe rieten stoel van Ikea voor de tv. Ik hang de gordijnen op.

In het huis mag hij overdag gewoon biertjes drinken. En hij krijgt een karretje waarmee hij zijn eigen kranten altijd bij zich heeft. De oude journalist is nu verzamelaar van oude kranten. We proberen hem stiekem alcoholvrij bier te geven, dat merkt hij niet, tenzij we het flesje erbij zetten. Dan wijst hij op het etiket en trekt een vies gezicht.

De vierde dag verhuizen we hem. Hij is verward, vooral als wij vertrekken, dat is als altijd weer een verrassing voor hem. Ergens in hem zijn we nog gewoon met zijn vieren, op de Keizersgracht, daarna hebben de dingen hem alleen achtergelaten. Zijn huis, zijn vrouw, zijn kind en uiteindelijk zijn café. Het enige wat nog telt is dat hij op de grachten kan zijn.

Amsterdam is maar een droom. Leven in de stad is er vertrekken, terugkomen, vastlopen en weer vertrekken. Mijn Amsterdam is op zijn best als je ernaar zwaait vanuit een vliegtuig.

In de stad stapelen mijn fouten zich op als matrassen. Elke keer als ik eindelijk durf te springen, val ik er steeds dieper in weg. Amsterdam is op zijn best mijn bed. Beer vertrok en kwam niet meer terug, Alexander is vastgelopen, Lind zegt dat de geschiedenis zich altijd herhaalt en ik snap nooit wat ze daarmee precies wil zeggen.

Ik mag niet vastlopen, dus ik blijf maar komen en gaan. Kiezen is het ergste wat er is, vastbijten is vastlopen.

Het is uit met Jana. We zouden gaan samenwonen in het huisje dat haar ouders voor haar hadden gekocht, maar een week voor de verhuizing besloot ze dat ze er toch alleen wilde wonen. Dat was begrijpelijk, we waren allebei nog maar achttien, dus zei ik dat ik het begreep, al was ik stiekem woedend.

Via vrienden vond ik gelukkig een smalle pijpenla met een lage huur in Oost. Ik ging niet langer elke avond naar Jana toe. Steeds vaker viel ik in mijn eigen huis op de bank in slaap als ik had beloofd naar haar toe te komen, maar meestal deed ik alsof ik op de bank in slaap was gevallen. Ik keek naar series tot het licht werd: *Six Feet Under*, *Carnivale* en *War and Peace*. Om die series moest ik soms harder huilen dan dat ik ooit om iets anders had gehuild. Ik kon die tranen niet met

Jana delen, want ik keek die series in het geheim. De volgende dag belde ik Jana altijd met duizend excuses. Ze wilde niet meer naar mij toe komen, omdat mijn huis tot de nok toe gevuld was met de oude spullen van Alexander, er was nauwelijks plaats voor haar.

Ze zei: 'Gooi die ouwe zooi toch weg. Ik word er zo verdrietig van, de manier waarop je leeft.'

Maar ik kon zijn spullen niet weggooien, ik probeerde er nieuwe dingen van te maken.

Alexander verzamelde platen, al leek het alsof hij er niet naar luisterde, de meeste platen zaten nog in het plastic. Ik kopieerde ze en probeerde ze op de computer in stukjes te knippen om de muziek terug naar deze tijd te halen. Jana begreep het niet.

Ik zei: 'Geef me even, ik moet wat dingen over mezelf uitzoeken,' en ze gaf me even, maar ik gebruikte de tijd door thuis te blijven en met de platen van Alexander te spelen.

Op een avond stond ze onverwacht voor de deur. Mijn huis was een zwijnenstal. Ze zat op het puntje van de bank en zei dat ik moest ophouden met van dag tot dag te leven vanwege Beer. Ik werd woedend en begon dreigend aan de meubels van Alexander te sjorren. Ze zei dat ze moe was van het op me wachten. Ik klom op mijn dj-tafel en ging met opgetrokken benen tussen de draaitafels in zitten. Ik zweeg lang, te lang, het kwam oorverdovend hard aan. Ik wilde gewoon spelen met de platen van Alexander, Beer had daar niets mee te maken.

Uiteindelijk zei ik, zonder haar aan te kijken: 'Ik ben er toch?' Maar dat was niet wat ze bedoelde. Ze stond op en vertrok, we hebben elkaar sindsdien niet meer gezien.

Ik wentelde me uitvoerig in zelfmedelijden en deed de platen niet meer terug in hun hoezen.

Auto's razen langs mijn huis, onderweg naar afspraken. Ik heb ook een afspraak, koffie met een vriend bij mij thuis, maar als er wordt aangebeld doe ik niet open. In plaats daarvan ga ik in bed liggen om mezelf ervan te overtuigen dat ik te ziek ben om mijn afspraak na te komen en ik kijk naar de trillende telefoon in mijn hand. Morgen bel ik terug met een excuus.

Ik ben alleen nog onderweg als ik ergens naar zoek. Als ik niet zoek, dan krul ik me veilig op, thuis, tussen de platen van Alexander, als een pissebed. Vanuit mijn hol staar ik naar de gevel aan de andere kant van de binnenplaats. Het is de enige witte gevel, de andere gevels zijn van rood baksteen of bedekt met mos. Mijn raam kadert precies de witte gevel in. Het is een beeld dat losstaat van alles, als een eilandje. Het is het eerste wat ik 's ochtends zie. Elke ochtend kijk ik uit naar een eilandje voor mij alleen.

Toen ik klein was, gingen we een keer met zijn vieren naar een eiland waar alle huizen net zo wit zijn, maar dan voortdurend onder blauwe luchten. Misschien was het Malta. Ik had voor de eerste keer pistachenoten gegeten en dacht ze overal te ruiken. Alexander droeg zijn zwarte ronde bril, die zette hij nooit af. Ik had weer oorontsteking en zat in een deken gewikkeld op het balkon, dus ik kon niet aan de vakantie meedoen. 's Avonds kwam een parade langs ons huis. Er werden lolly's uitgedeeld. Beer stond op straat en kreeg er een. Hij keek naar de lolly en omhoog, naar mij op het balkon, terug naar de lolly en weer naar mij. Hij rende achter de parade aan om er nog een voor mij te vragen. Toen hij me die kwam brengen was ik in tranen, maar ik kon niet vertellen waarom, want ik wist dat ik huilde omdat ik me realiseerde dat ik dat nooit voor hem zou doen.

Later die avond zagen we vuurvliegjes. Mijn vader was door het dolle heen. Hij vertelde dat hij op een plek was geweest waar de vuurvliegjes zo groot waren als een pruim en dat die hem een keer hadden geholpen toen hij verdwaald was. Het was de eerste keer dat we het hoorden, en Beer en ik waren meteen gek op dat verhaal. Eerst probeerden we de vuurvliegjes te volgen, maar we kwamen erachter dat ze nooit echt ergens naartoe gaan en liever bij hun wolkje blijven. Mijn vader lachte dat je vuurvliegjes niet kan temmen, dus we slopen in rondjes om de diertjes heen en deden alsof we verdwaalden.

De deurbel gaat niet meer, ook mijn telefoon trilt niet meer. De afspraak heeft het opgegeven.

Ik heb aan Lind gevraagd of ze weet over welk eiland mijn vader het die avond had. Ze zegt dat het van voor haar tijd is, ze kende hem toen nog niet.

Ik kruip naar de computer in de woonkamer, zodat de buren aan de overkant me niet zien, en zoek naar vuurvliegjes. Misschien citeerde Alexander een boek, maar volgens mij las hij geen boeken, hooguit af en toe, uit beleefdheid, voor een journalistenvriend.

De zoekterm '*big fireflies*' brengt me op het spoor van een eilandje in de Filipijnen. Het is het zuidelijkste eiland van de Visayas. Er zijn foto's van hutten op het strand, bizarre zonsondergangen, een groep dikke blanke kerels die flesjes bier vasthouden, een soort voodoobeeld dat op Maria lijkt, en een waterval. Het eiland heet Siquijor, maar de Spanjaarden noemen het *Isla del Fuego*, vanwege de vuurvliegjes. Op mijn bureaublad maak ik een map aan onder de naam Siquijor. Hij vult zich met foto's, mythen en reisbegrotingen.

Die nacht op het witte eiland at ik allebei onze lolly's op omdat ik wist dat Beer hem een week zou bewaren en dat vond ik zonde van de lolly. De laatste tijd herinner ik me dat soort dingen opeens weer, herinneringen waar ik niet trots op ben en die ik daarom makkelijk vergat.

Meteen na de dood van Beer besloot iets in mij dat de tijd daarvóór de tijd was van Beer-en-ik. Er was geen Mos, alleen Beer-en-Mos, wij. We deden alles samen, we waren dezelfde. En na zijn dood was ik alleen.

Toch klopt dat niet, zo was het niet. Ik denk dat ik het 'ons' noemde om te verbloemen dat er vroeger een Mos was op wie ik helemaal niet zo trots ben. Een Mos die met Beer stierf.

Als Beer ruzie had met Lind, dan kwam mijn vader nooit tussenbeide. Hij hield niet van ruzie, dus hij deed er niet aan mee. Lind mocht het alleen oplossen. Ik deed ook niet mee aan de ruzie. In plaats daarvan zorgde ik ervoor dat ik mijn zin kreeg, doordat ik naar Lind ging en zei dat Beer me gestompt had. Lind geloofde me, dus Beer kreeg straf. Beer verraadde me niet, zo was hij niet.

Als ik aan vroeger denk, dan zie ik een trotse Beer die een spelletje bijna heeft uitgespeeld en daarnaast een jongetje dat op het punt staat de stekker eruit te trekken. Het jongetje weet dat moeders daar niet boos om worden, moeders begrijpen computerspelletjes niet. Ik was het dappere, maar geniepige mannetje Mos.

Na de dood van Beer zei ik tegen mezelf dat hij altijd ruzie maakte, zodat ik me verlost voelde. Ik had het rijk alleen. Stiekem plukte ik de vruchten van zijn dood. Maar eigenlijk vierde ik de dood van een herinnering aan mezelf, Beer was mijn geweten. Hij wist als enige hoe geniepig ik kon zijn.

Alexander heeft een nieuwe vriendin in het verzorgingshuis. Ze is een oude kroegbazin met kort roodgeverfd haar, in een rolstoel.

Als ze naast elkaar zitten, zijn het net twee uilen. Grote boze uil en een verbaasd uiltje. Ik zou bijna zeggen: 'de Dikke en de Dunne', maar ze zijn allebei dik, en Alexander zei altijd dat 'de Dikke en de Dunne' een beledigende manier is om aan Laurel & Hardy te refereren. Echte fans van Laurel & Hardy doen zoiets niet, zij zeggen Stan en Ollie. Alexander moet de rolstoel duwen van de kroegbazin.

Als Lind en ik langskomen kijkt hij hulpeloos en een beetje schuldig naar ons. Soms buigt de kroegbazin voorover om hem een kusje te geven en dan valt ze uit haar stoel. Dan maant ze hem driftig haar er weer in te helpen. De verpleegsters zeggen dat ze Alexander soms dwingt haar te verschonen.

Elke week zijn ze even kwijt en worden ze gevonden in de buurt van de Haarlemmerstraat, op zoek naar het café van de kroegbazin, waar Alexander altijd welkom is, maar dat allang niet meer bestaat.

We vragen Just, een stamgast van Alexanders laatste café, af en toe bij hem langs te gaan. Hij wil er geld voor. Lind besluit hem toch maar te betalen, want anders komt er niemand meer.

Alexander kijkt van Lind naar mij, en hij vraagt verward waar de andere is. Soms hoop ik dat hij zijn woorden helemaal vergeet, zodat ik hem niet steeds hoef te vertellen dat 'die andere' er niet meer is.

Ik zeg: 'Beer, die is er niet meer.'

Dan knikt hij en kijkt over het water. Hij wijst naar een vrachtwagen die voorbijrijdt, en zegt: 'Kijk, een biertje op wielen!' Hij vraagt weer waar die andere is. Ik zeg: 'Er is geen andere.'

Alexander zegt, niet meer verbaasd, maar tevreden: 'Ja.'

Er zitten drie vliegtuigen tussen Siquijor en mij, ik ben al op de helft, in het vliegtuig van Macau naar Manila.

De tussenstop in Hong Kong was een ramp. Ik gleed als een detective door de wijk Kowloon, eerst op zoek naar adressen van de beste restaurants, daarna naar de restaurants zelf. Toen ik uiteindelijk een restaurant vond, liep ik eraan voorbij, want ik had al de hele dag gelopen en durfde niet meer te stoppen.

In Macau at ik voor twintig euro de grootste garnaal die ik ooit gezien heb en huurde een kamer in een duur hotel, waar ik al mijn kleren liet wassen, terwijl ik pas twee dagen onderweg was. Het rook er naar foamboard. Ik kreeg er hoofdpijn van, het was alsof er lijm in mijn voorhoofd was gevloeid.

Ik zit aan het raam. De wolken zijn als een net van witte bolhoedjes, ik bevind me er middenin. Er bewegen engeltjes door het net, ze spelen verstoppertje met de vliegtuigen. Ik wil ook verstoppertje spelen, maar ik zie mezelf al meteen vallen met kluwen wolk tussen mijn tenen, vingers en op alle andere plekken waar ik me weleens vergeet af te drogen. De engeltjes zouden me even verschrikt nakijken en snel weer verder spelen.

Naast mij, in het midden van de rij, zit een Filipijnse jongen. Aan de andere kant, aan het gangpad, zit een westerling. Hij hangt in zijn stoel als een peer met schouders en slaapt. De rest is Chinees en erg luidruchtig.

De Filipijn is een sympathieke, opgeruimde jongen uit Manila, die zich voorstelt als Rommel. Er zijn sporen op het gezicht van Rommel die ik niet kan plaatsen. Op sommige plekken lijkt het alsof ooit iets aan hem heeft zitten knabbelen, misschien een vis of een vleermuisje.

Rommel vertelt dat hij in de horecatechniek zit en vraagt wat ik doe. Ik doe niets, want ik verdwaal. Ik zeg: 'Ik schrijf een boek,' want geen antwoord is dichter bij de waarheid voor iemand die niets doet. Rommel wil weten waarover mijn boek gaat en ik geef hem er een gepast vaag antwoord op. Hij lijkt niet onder de indruk.

De slapende peer met schouders wrijft in zijn neus. Het is een grote neus. Het klinkt alsof iemand in de verte een natte kip ontbeent. Rommel en ik kijken naar hem en weer naar elkaar. Ik haal verontschuldigend mijn schouders op, omdat de man ook een westerling is. Rommel neemt het me vooralsnog niet kwalijk.

Rommel zegt dat hij in bagels gelooft. Hij heeft het plan in Zuidoost-Azië een grootschalige bagelketen op te zetten. Rommel maakt zich grote zorgen over het verschil tussen arm en rijk. Hij vertelt dat hij altijd veel moeite heeft gehad met het gat in bagels, dat vindt hij verspilling.

Hij zegt: 'Ik vind de gaten in bagels een typisch voorbeeld van de consumptiemaatschappij.' Ik knik.

Rommel laat me de ontwerpen van zijn plan zien, maar voordat hij ze ontvouwt, werpt hij een argwanende blik op de westerling, die is diep genoeg in slaap om zich nergens mee te kunnen bemoeien. Rommels eetgelegenheid bestaat uit twee verdiepingen. De tweede verdieping bevat een duur restaurant.

De bagels op de kaart boven zijn zo groot dat een hele familie van één bagel kan eten. Uit een technisch nogal ingewikkeld systeem, met onder andere hydraulische pompen, valt de bestelde bagel uit een glazen koker midden op de eettafel. De bagel wordt echter als een geheel gebakken, zonder gat in het midden, zodat hij op de tafel valt als een rond brood. Op de eettafel zit een draaiknop waarmee bepaald kan worden hoe groot het gat is dat uit het brood gesneden wordt.

Rommel pauzeert even om te benadrukken dat die draaiknop erg belangrijk is, ter illustratie geeft hij met zijn rechterhand een nauwkeurige draai aan mijn bekertje tomatensap.

Dan gaat hij verder. Als de maat is geselecteerd komt

er uit hetzelfde ingewikkelde systeem, met onder andere hydraulische pompen, een rond mes dat van het brood een bagel maakt. Het binnenste van de bagel verdwijnt in de eettafel en valt een verdieping lager op een kleiner eettafeltje van een uitzonderlijk goedkoop restaurant, een straatstal bijna. De rijke familie op de tweede verdieping bepaalt dus de grootte van de portie van de beduidend armere bezoekers van het restaurant op de eerste verdieping. En er wordt niets van de bagel verspild.

In de eerste fase wil Rommel een keten uitrollen in Hong Kong, Manila, Bangkok, Kuala Lumpur en Tokyo. Hij voegt eraan toe dat als dit plan werkt, hij een soortgelijk idee heeft voor een soeprestaurant.

We bedenken samen geschikte namen voor de keten. Ik overtuig Rommel ervan dat de twee restaurants verschillende namen moeten hebben. Rommel bedenkt *Hole in one* voor het dure restaurant, voor het goedkope deel stel ik *Holesome deli* voor. We proeven de namen even en besluiten het om te draaien, omdat 'Hole in one' meer als fastfood en 'Holesome deli' gezelliger klinkt. Rommel belooft dat hij erover na zal denken.

Ik vertel Rommel dat ik naar Siquijor ga. Rommel kent het eiland, er woont een goede vriend van hem, hij gaat een paar keer per jaar bij hem langs. Hij vertelt dat er mangroven in de zee staan. Ik zeg dat ik dat nooit gezien heb, mangroven in de zee, maar dat het me een triest gezicht lijkt. Volgens hem is het juist een vredig gezicht.

Rommel belooft dat hij, de volgende keer dat hij

langskomt, naar me zal vragen. Hij steekt plechtig zijn hand uit, die ik dankbaar schud.

Ik kijk weer naar buiten. We zijn de wolken uit.

Meren liggen als bronzen wijnvlekken in het land, want de zon staat precies goed. Ik zie een paar zwembaden, het zijn net verdwaalde postzegeltjes, die toevallig perfect zijn gevallen omdat de wind dat soort dingen nu eenmaal doet. De wegen zijn draden tussen twee punten die eens strak gespannen waren, maar op een van de plekken hebben losgelaten, zodat ze nu doelloos, dood, in kronkels verzonken liggen. Alsof tussen alle dorpen en steden eens relaties bestonden, maar toen de bergen kwamen, moesten ze aan zichzelf denken, dus ze lieten elkaar los. Vergane eer aan afhankelijkheid.

De peer met schouders is ontwaakt. Hij staart trots naar zijn buik, die bij elke ademhaling het uitklaptafeltje een stukje optilt. Hij steekt, zonder Rommel een blik waardig te gunnen, zijn hand naar me uit en stelt zich voor als Bernd. Hij is bijna zestig, Hollander en bijpassend slecht gekleed, in een verwassen basketbalshirt van de Lakers, en een motorpet met flapjes over de oren.

Ik vraag wat hij doet. Bernd bekent dat hij veel geld heeft verdiend met het telen van wiet en al tientallen jaren over de wereld reist. Hij komt alleen terug in Nederland om stapeltjes geld uit een kluisje te halen, en reist zonder vooruit te plannen. Zijn favoriete landen zijn India en Colombia, India vanwege het vegetarische eten en Colombia omdat hij Zuid-Amerika geweldig vindt.

Hij eindigt bijna elke zin met een vragend 'no' als hij eigenlijk ja bedoelt, het klinkt Zuid-Amerikaans. In de Filipijnen is hij nog niet geweest. Hij wijst nieuwsgierig naar de Siquijor-map op mijn schoot, die ik voor de reis gemaakt heb. Rommel zet zijn koptelefoon op.

Het eiland verkoopt zichzelf. Ik heb foto's van zonsondergangen, marktjes en stranden, ze zien eruit alsof ze zijn gebouwd voor een bureaubladachtergrond.

Met name de foto's van de Japanse graven, die de Japanners na de oorlog achterlieten, zijn aan Bernd zeer besteed, want hij is in Japan geweest. Hij zegt: 'Japan is precies zoals je altijd hoort. Soms zie je Chinezen, ze dringen voor. De Japanners zeggen dan tegen elkaar: "Kijk, dat zijn de Chinezen."'

Bernd vertelt dat de katten in Japan erg onaardig zijn, een keer is zijn neusvleugel er bijna af gekrabd toen hij in bad zat. Hij herhaalt een naam, verbeten, waarschijnlijk van de poes in kwestie. 'Luna, heette ze. Luna-Luna. Poezen kunnen dat, altijd maar weer het voordeel van de twijfel krijgen.'

Ik vraag hem naar Tokyo en hij vertelt dat hij daar de Dalai Lama heeft gezien, die er een lezing gaf.

'Hij is mijn favoriete lama. Het was een lange lezing, maar ik ben in de pauze weggegaan, want ik wilde nog winkelen.' We grinniken allebei. Rommel kijkt me aan. Zijn ogen zeggen niets, maar ik voel me betrapt.

Ik wijs op een foto van een soldaat met een houten geweer. Er staan rode vlammen op geschilderd.

'De soldaat heeft een houten geweer omdat het eiland zo arm is dat het geen echte geweren kan betalen.'

Bernd vindt het prachtig. Als ik zeg dat de meeste reisgidsen zwijgen over Siquijor is hij definitief om. Bernd kijkt me aan met een samenzweerderige waas in zijn ogen en zegt dat hij niet in toeval gelooft. Hij wil met me mee. Hij voegt eraan toe dat het universum resoneert en dat alle dingen onderling verbonden zijn. Het is een aangename gedachte, maar de manier waarop Bernd het beschrijft geeft me een ongemakkelijk gevoel, alsof ik in bed lig en voel dat ik mijn nagels moet knippen, maar er niets aan doe.

Ik vertel hem niet dat Siquijor een magisch eiland is, want dat lijkt me ongepast voor in een vliegtuig. Siquijor heeft zelfs een eigen scheppingsverhaal, ik vond het op een forum van *Tripadvisor*. Het verhaal gaat als volgt.

De hemel klopte tot driemaal toe aan bij de zee en de zee antwoordde door Siquijor aan de hemel te geven. Eerst was het eiland een plek voor verdwaalde sterren, maar naarmate de aarde ouder werd, krompen de sterren, totdat het vuurvliegjes waren. Eerst waren de vuurvliegjes nog groot, bijna zo groot als mensen, dat was in de tijd dat de eerste bewoners, de Spanjaarden er verdwaalden. Er waren ook al mensen van nabijgelegen eilanden verdwaald, maar daar is verder niets over bekend. De Spanjaarden konden het eiland nooit verlaten, want door het licht van de vuurvliegen waren de sterren aan de hemel niet meer te zien. Op zee hadden ze de sterren vertrouwd, en nu die eenmaal aan de hemel waren ontnomen, durfden de Spanjaarden niet meer te navigeren. Ze waren van niets meer zeker, dus ze bleven.

Het is trouwens niet helemaal waar dat de meeste gidsen zwijgen over Siquijor, het wordt goed bezocht, maar vooral door dagjestoeristen omdat het een omtrek van veertig kilometer heeft. Het snorkelen is er matig, de meeste vissen uit de zee zijn gevangen en er komen geen nieuwe bij. Waarschijnlijk loog ik tegen Bernd om hem mee te krijgen, hij zag er zo verdwaald uit.

Van Manila vliegen Bernd en ik door naar Dumarguete, vanwaar we de boot naar Siquijor zullen nemen, maar op de pier waar de boot zou moeten liggen, ligt alleen een kale westerling met zijn hoofd op een bolder.

Er loopt een rimpel rondom zijn ogen, alsof hij de helft van zijn leven in een vliegtuig heeft gezeten met een slaapmasker op. Op de buik van de westerling staat een koelboxje, op het koelboxje ligt een pakje sigaretten. Zijn handen peuteren aan het deksel van het koelboxje. Het pakje valt in de zee. De westerling legt het deksel van het koelboxje naast zich neer en wijst erop.

'*Have a seat.*'

Hij klinkt Deens. Uit het koelboxje vist hij twee

San Miguel Light-biertjes. Uit mijn zak vis ik twee sigaretten. Een paar meter verder is Bernd op de pier gaan zitten. Ik gooi hem een sigaret toe. Bernd zegt dat hij eigenlijk niet rookt, maar toch steekt hij de sigaret op en duikt onder zijn koptelefoon. Met zijn tenen probeert hij tevergeefs het pakje sigaretten uit de zee te plukken.

'Weet je hoe laat de boot komt?'

'Ik weet niet hoe laat de boot komt. Niemand weet hoe laat de boot komt.'

Hij spuugt in de zee. Er zit een vis in het koelboxje. Hij heeft een soort sonarding op zijn kop, alsof hij tijdens het zwemmen bellen kan blazen. De Deen kijkt boos, maar volgens mij is hij helemaal niet boos.

'Ik ben Mos.'

Hij vist nog twee biertjes uit het koelboxje. 'Ik heb een resort op Siquijor en maak de grootste hamburgers van het eiland. Er is maar één manier om ze te eten, zo.' De Deen vouwt zijn handen tot een vuist en zet zijn tanden erin. De fictieve saus druipt van zijn kin. Hij veegt zijn kin af.

'Er is een mooie waterval op het eiland. Je hebt een motor nodig. Heb je al een hotel? Wij hebben misschien nog plek. Je kan er snorkelen. Ik ben Jens. Hou je van hamburgers?'

Ongezien huur ik zijn kamer en beken dat ik geen rijbewijs heb, maar Jens wuift het weg: als ik maar een officieel uitziend pasje heb om mee te zwaaien en mijn motor gezegend is met varkensbloed om aan het lokale bijgeloof te voldoen. Hij wrijft met zijn handpalm over de huid op zijn bovenarm en zegt dat we de '*whiteskin*'-

privileges hebben. Ik kijk naar mijn bovenarmen. Ik heb altijd al motor willen rijden.

Er komt geen einde aan de biertjes van Jens. De koelbox begint warm te worden, de biertjes smaken al naar vis. We moeten snel drinken. Bernd houdt ons niet bij, hij valt in slaap.

Ik vraag me af of ik Rommel tegen zal komen op Siquijor. Toen we elkaar in het vliegtuig ontmoetten, leek het duidelijk dat we nieuwe vrienden waren, maar op het vliegveld in Manila gingen we als vreemden uiteen. Ik denk dat het door Bernd kwam, Rommel vertrouwde hem niet.

Jens vertelt dat hij een keer het plan had opgevat waterski's te huren en daarmee achter de veerboot tussen Denemarken en Zweden te hangen. Na tien minuten werd hij uit het water gehaald, onder luid applaus van de passagiers aan boord. Daarna kreeg hij een brief thuis waarin stond dat hij door Zweden was aangemerkt als *persona non grata*. Hij was er nog wel welkom, maar niet van harte.

Dan komt de boot naar Siquijor en kunnen we vetrekken. De boot heet *Montrovia-Fratrescu*, alsof hij vroeger voer tussen twee eilanden die nooit hebben bestaan. De motor van de boot brult, kippen en honden gaan ertegenin. De reizigers leggen hun hoofd tegen het metalen geraamte van de boot, zodat ze langzaam in slaap worden getrild. Uiteindelijk is het stil, zelfs de kippen hebben het opgegeven om het geluid van de motor te overstemmen.

Niet meer meedoen, alleen nog maar kijken. Te gast. Met privileges. En hamburgers.

Vanaf de pier loopt een lange, slechte weg naar rechts, langs het strand, de mangroven, de Japanse begraafplaats, enkele kerkjes en zes stalletjes waar benzine en rum verkocht wordt.

Altijd als je net denkt dat je er al voorbij bent, komen de twee gigantische blauwe watertanks van Jens in zicht. De linker watertank lekt een beetje, het is te zien aan een onverwacht strookje begroeiing dat van de tank over het dorre land naar de zee kruipt. Achter de tanks ligt de parkeerplaats waar de meisjes die achter de bar werken 's avonds zitten als de bar leeg is. Op de parkeerplaats groeien rode pepertjes, die worden gegeten door de merels. Ik jaag ze weg als ik ze betrap.

De parkeerplaats grenst aan de bar. Vanaf de bar

kijk je uit over de huisjes, die over de rotsen verspreid staan, elk huisje heeft zijn eigen rots. Onder de rotsen spoelt de zee aan als het vloed is, als het eb is zoeken kinderen naar zee-egels op de uitgestrekte strandvlakten die de zee achterlaat. 's Avonds, in het halfuur dat de zon op de zee valt, is het meestal vloed en dan drijven Jens en ik onder de rotsen met een biertje. We zetten onze zonnebril af en vertellen elkaar dat het leven niet slecht is.

De luchten op Siquijor zijn waanzinnig, soms lijkt het alsof de wereld meer uit de kast trekt als er minder mensen komen kijken.

Gasten blijven nooit langer dan een paar dagen in het resort, waarschijnlijk omdat de huisjes veel te duur zijn. Ik kan er zo lang blijven als ik wil, want mijn huisje is nog niet af, het balkon heeft nog geen balustrade, dus ik hoef niet te betalen, zolang ik 's avonds maar optreed als dj in de bar wanneer het druk genoeg is.

Rondom mijn huisje staan struiken citroengras en aloë vera. Tussen de kieren van waar de balustrade zou moeten zitten, kan ik de witte en roze krabbetjes op de rotsen bespieden. Er is ook een ander soort grijze krabbetjes. Ze hebben, als slakken, een huisje, en één grote klauw waarmee ze zich over de rotsen voortslepen. Als je naar ze fluit wanneer ze in hun huisje zitten, komen ze eruit gekropen.

Ik slaap in een kamertje met vijf hoeken. Mijn tweepersoonsbed heeft geen poten, het hangt aan stalen spijlen. Er zijn wel wat schokdempers aan de kop van het bed gehangen om de overmoed van Jens te compenseren. Ik heb hem gevraagd of ik zijn ontwerp kan zien als een ontkenning van de zwaartekracht, dat vond hij maar vervelend.

Hij vindt het irritant als ik slim probeer te doen. Het is alsof hij me door heeft, ook al is mijzelf niet helemaal duidelijk welk spel ik speel.

In de kamer staat verder niets, behalve een televisie met maar een kanaal, Siquijor 1. De hele dag zendt het kanaal vreemde Australische thrillers uit over gouvernantes, stalknechten en dochters die tussen Australische rotsen verdwalen en nooit meer gevonden worden. Soms komen er reclames voorbij van andere Filipijnse eilanden waar ik misschien beter naartoe had kunnen gaan.

Het resort van Jens staat in designbladen, hij heeft het helemaal zelf ontworpen. Daarvoor is hij niet naar school gegaan, want Jens is nooit naar school gegaan.

Mijn huisje heeft twee ronde ramen, aan weerszijden van de deur. 's Nachts kijken ze als uilenogen uit op het eiland Mindanao, waar terroristen af en toe ontvoerde Amerikanen onthoofden, als niemand losgeld voor ze betaalt.

Elke nacht trekt het onweer gulzig bij Mindanao aan de bergen. Het houdt de toeristen aan hun barkrukken genageld, elke donderslag is weer een excuus voor nog één San Miguel Light. Bernd gelooft niet dat het eiland dat we zien Mindanao is. Toen ik zijn ongeloof zat was besloot ik mijn gelijk bij het meisje achter de bar te halen.

'*Is that Mindanao?*'

Het meisje achter de bar bevestigde verveeld: '*Of course.*'

Bernd keek wantrouwend om zich heen en wachtte tot het meisje aan de andere kant van de bar stond. Hij boog zich naar me toe en zei zachtjes: '*Urban myth.*'

Ik slaap niet in een houten hutje, dat had ik me ook helemaal niet voorgenomen. Bernd wel, hij heeft een hutje in het backpackersdorp iets verderop gevonden.

De ronde ramen van mijn huisje hebben brede kozijnen, je kan er perfect in zitten en doen alsof je op het punt staat op te stijgen, als in een ruimteschip.

Eigenlijk ziet het hele resort er onnatuurlijk uit: strak onderhouden perken met bloemen en planten, paden en blauwgroen gras, aangelegd op een rots op het puntje van een dor eiland. Het is een soort golfbaan in de woestijn.

's Nachts kruip ik over de rotsen rond het resort om naar de vuurvliegjes te kijken, ze schieten in en uit de spelonken. Het zijn net wilde sterren. De eilandbewoners mijden ze, omdat ze denken dat ze kleine brandwonden achterlaten, maar de westerlingen geloven daar niets van. Groot zijn ze niet, ze zijn gewoon erg goed te zien.

Tijdens de eerste dagen van mijn verblijf hier heb ik rondgevraagd naar mijn vader, maar niemand herinnert zich een Alexander die hier minstens dertig jaar geleden verdwaalde. Ergens had ik dat wel verwacht, ik had het niet hoeven proberen, maar het was fijn om een missie te hebben.

Al snel heb ik geleerd waar ik de beste *pork-bbq* kan vinden en op welke hanen ik het best kan inzetten bij de volgende hanengevechten. Ik ben vaak gewaarschuwd voor de kapper, omdat hij aan je probeert te zitten en erg slecht knipt.

De meisjes achter de bar vertellen spookverhalen. Mijn favoriete spookverhaal gaat over het Mariabeeld dat ook in de Siquijor-map zit. Ze noemen haar Centrita. In een dorpje aan de andere kant van het eiland staat een standbeeld van haar, links achter in de kerk. Het is een hoge, lange kerk van zandsteen met deuren die altijd open zijn. Mensen noemen het de 'herfst-kerk', omdat er grote hopen oude gele bladeren liggen, want de deuren van de kerk zijn altijd open. Het beeld van Centrita staat onder een glazen stolp met een schedel en een gebroken crucifix in haar handen. Ze kijkt apathisch, vragend, als een hertje, met dood geverfde ogen. Het is een angstaanjagend beeld. Mensen schuiven briefjes onder de glazen stolp als ze een onmogelijke wens hebben. Voordat Centrita een non werd, vermoordde ze haar man en kinderen, want haar man was overspelig en ze vond dat haar kinderen beter dood konden zijn dan te moeten leven met een dode overspelige vader. Maar er zijn veel meer verhalen over haar verschijning dan over haar geschiedenis. Sommigen zien haar lopen, anderen hebben haar weleens een lift gegeven. De mensen op het eiland spreken met liefde over haar, ze is niet gevaarlijk.

De meeste westerlingen leven vrij eenvoudig op Siquijor. Overdag blijven ze meestal binnen, of klussen op hun stukje grond. In het weekend gaan de vrouwen een dagje naar Dumaguete om echte espresso te drinken en te winkelen in een warenhuis. De mannen blijven thuis, beginnen vroeger met drinken en flirten met de meisjes achter de bar.

Bijna alle westerlingen zitten in de Siquijor Rotary Club. Jens is de oprichter, samen met twee gespierde Australiërs van Siquijor Property Sales, de Japanner Ken van de duikschool en Craig, de gepensioneerde *Navy* SEAL.

De Australiërs ken ik nauwelijks, we hebben geen interesse voor elkaar. Ze hebben op het strand een groot huis voor zichzelf gebouwd, met een *infinity pool* en een biljartkamer. Ze geven er elke maand een feest. Ik word niet uitgenodigd, maar Jens ook niet. Jens zegt dat het rotzakken zijn die te veel voor hun land hebben betaald, waarmee hij bedoelt te zeggen dat ze niet geliefd zijn bij de eilandbewoners.

Ken is een Japanner die struikelt, daarom is hij ook een beetje een westerling. Iedereen houdt van hem. Hij is altijd druk in de weer met zijn duikspullen en probeert een Japans restaurant van de grond te krijgen. Dat lukt niet zo goed. De meeste ingrediënten die hij nodig heeft voor Japans eten, groeien of zwemmen in de zee rondom het eiland, maar worden na de vangst meteen naar Japan geëxporteerd, dus Ken moet de zeewier uit zijn eigen zee voor woekerprijzen herimporteren vanuit Japan.

Altijd als ik Craig tegenkomt heeft hij net een massage gehad en is hij buitengewoon tevreden. Hij heeft een piepklein beetje indianenbloed, en na een leven in de zon is dat ook aan hem te zien. Hij heeft lang haar, dat groeit tot aan zijn onderrug, en is van top tot teen gewikkeld in tatoeages. Als ik ooit leer kiezen, dan neem ik ook een tatoeage. Craig wierp bommen in de Golfoorlog, maar het grootste deel van zijn leven was hij in Azië gestationeerd. De mooiste tijd van zijn leven bracht hij door op Diego Garcia, een *off-limits* eiland in de Indische Oceaan.

Elke avond verzamelen de westerlingen zich bij een van de zes bars om te drinken. De andere vijf zijn dan vrijwel leeg. De kunst is om op het juiste moment in de juiste bar te zitten, want niemand kan voorspellen in welke bar het 'leuk' wordt. Het gebeurt gewoon. Vaak ben ik te vroeg bij de juiste bar en dan is het er leeg. Dan ga ik naar de volgende bar, op zoek naar het feest, maar op dat moment wordt het leuk bij de bar waar ik net was. Het probleem is dat je zoiets wel kan vermoeden, maar het is *not done* om tweemaal op een avond bij dezelfde bar aan te komen. De feestvierders merken er misschien niets van, maar de meisjes achter de bar wel. Niemand wil degene zijn die het feestje zoekt, en wanneer het barpersoneel je doorheeft, dan duurt het niet lang voordat de rest volgt.

De zoektocht naar het juiste feest doet me vaak denken aan het verhaal dat Alexander me altijd vertelde over Tijl Uilenspiegel. Als hij een berg op fietste, moest hij lachen, want hij wist dat hij daarna de berg af mocht sjezen. Maar als hij de berg af sjeesde, dan huilde hij, want hij wist dat hij de berg daarna weer moest beklimmen.

De westerlingen hebben allemaal een verhaal. De Amerikanen zijn gevlucht voor wie ze eens waren, de Australiërs zijn op zoek naar een tijd die ze voorbij hebben laten gaan. De Denen voelen zich nergens welkom, de Duitsers zijn nergens welkom en de Belgen zijn gewoon Belgen. Na een paar weken aan de bar beginnen de verhalen zich te herhalen.

Toen Beer overleed heb ik het iedereen die ernaar vroeg verteld. Ik heb er nooit over gelogen, maar ook heb ik nooit tweemaal hetzelfde verhaal verteld, want sindsdien lukt het me niet meer mezelf te herhalen. Herhalen is wat Alexander deed, herhalen is opgeven. De ene keer vertelde ik dat Beer op de rotsen sprong, de andere keer beschreef ik hoe hij in het water viel. Het zijn subtiele variaties, niemand heeft me er ooit op aangesproken.

Hoe ouder ik word, hoe bozer herhaling me maakt. Er is geen film, geen YouTube-grapje, geen boek waaraan ik voor de tweede keer ben begonnen. En ik heb iedereen die zich wel herhaalt stilletjes gehaat. Zelfs vrienden, die een nummer zo goed vonden dat ze het keer op keer op moesten zetten, ik liet ze zich herhalen en haatte ze in stilte. Soms lijkt het alsof ik dat doe om ze te straffen. Ik kruip tegen ze aan, kijk hoe ze voor mijn neus veranderen in karikaturen van zichzelf, en doe niets.

Over mezelf vertel ik zo weinig mogelijk, want hoe minder ik vertel, hoe kleiner de kans is dat ik me ga herhalen.

Jens heeft een lang verhaal dat hij graag herhaalt. Zijn vader mishandelde hem, waardoor hij van huis vluchtte en zijn eigen geld verdiende, eerst als straatvechter in Duitsland en daarna als zeeman. Hij heeft een keer een junk vermoord met een pistool uit zelfverdediging. Hij gooide haar overboord, ze kwam in de motor terecht. Hij wilde me graag voordoen hoe hij dat deed, dus we liepen naar een hekje en hij gooide me eroverheen.

Jens is een praktische man, van oude onderdelen bouwt hij een Vespa met een zijspan waarin alleen een sixpack San Miguel past. Ik mag toekijken, maar niet helpen, want ik weet niets van motoren.

Jens heeft allemaal van dat soort kleine projecten voor zich alleen. Hij neemt me mee naar een oud echtpaar. We brengen ze graan voor hun kippen, die heeft Jens ze ook gegeven. De kippen zijn hun pensioen, zegt Jens. Ik tel ze hardop, het zijn er vijf. Het echtpaar brengt ons een groot blad vol San Miguel.

Jens zegt: 'Met vrienden als jullie heb ik geen vijanden nodig.'

Het echtpaar lacht hem liefdevol en tandeloos toe. Het is duidelijk dat ze hem dat al vaker hebben horen zeggen. Jens schudt hun hand met zijn beide handen, zoals het gebruik hier is. Ik volg zijn voorbeeld. Jens inspecteert de pootjes van de kippen ergens op. De kippen krijsen, maar Jens is onverbiddelijk. Dan stopt hij, houdt zijn hoofd kort vragend schuin en kijkt me aan.

'Ben je al bij de waterval geweest?'

De waterval is me al vaak aangeraden. Het water schijnt extra mooi blauw te zijn. De eilandbewoners denken dat de Japanners op de bodem een schat hebben begraven. Soms komen Koreanen ernaar zoeken met allemaal dure onderwaterspullen. Een van die Koreanen is een keer verdronken, en toen reddingswerkers zijn lichaam uit het water haalden, vonden ze nog drie lichamen.

Ik vertelde Jens over de onderwaterzaag van Hans de Zeeman, hij moest ontzettend hard lachen, maar zei dat het praktisch onmogelijk is in het water een boot doormidden te snijden.

Ik geef geen antwoord op zijn vraag. Jens gaat vol stille afkeuring met de kippen verder. Hij wil dat ik van de waterval spring, maar als ik hem vertel dat me dat niet zo aardig lijkt voor mijn moeder, omdat ze al een kind in het water heeft verloren, wordt zijn gezicht rood van kwaadheid. Hij grijpt mijn elleboog en zegt dat ik naast mijn lichaam leef, dat ik gevaarlijker moet leven. Hij schudt me door elkaar, alsof ik ergens in de buurt van mijn lichaam zweef en hij me terug probeert te lokken met het geluid van mijn rammelende botten. Omdat ik niets doe, geeft hij al snel op en neemt een slok van zijn biertje. Hij vraagt me wat mijn vader ervan vindt en ik vertel dat Alexander niet zoveel meer van dingen vindt.

'Ik kan elk moment het telefoontje krijgen dat er iets met hem is. Dan moet ik terug naar Amsterdam.'

Eigenlijk had ik daar zelf helemaal nog niet bij stilgestaan. Jens schudt zijn hoofd en tuurt naar de zon. Hij zet zijn Ray-Ban op.

'Als ik jouw vader was, zou ik me kapot schamen. Als hij je nu zou zien, zou hij je dan niet smeken om de stekker eruit te trekken, zodat jij je eigen leven kan leiden?'

Ik zeg dat mijn vader niet aan een stekker vastzit, hij is meer een kamerplant.

Jens schudt zijn hoofd weer woedend naar de zon omdat ik het punt mis. Hij neemt grote slokken van zijn bier om het snel op te maken.

Voordat ik zijn voorbeeld volg, zeg ik zachtjes: 'De gedachte was nooit bij me opgekomen.'

De boot van Jens is kapot. Maar op een eiland als dit heeft iedereen verstand van boten en is niemand te beroerd om een handje te helpen. Ze zeggen: 'Daar zijn vrienden voor.' Ze bedoelen: 'Betaal mij maar in biertjes.'

Drie helpers werpen zich op voor de boot. De eerste is een dikke, kale vrachtwagenchauffeur uit Newcastle. Hij heet Michael, heeft een babyface en een dubieuze voorkeur voor de muziek van Robbie Williams. Hij woont hier en werkt zich in Engeland uit de naad om zijn Filipijnse koningsleven te kunnen handhaven.

De tweede is een potige motormonteur uit Neurenberg, Stefan. Als iemand zijn aansteker leent, wordt hij panisch. Ik prijs zijn stad om zijn braadworsten, maar hij neemt me kwalijk dat mijn Duits zo slecht is.

De derde, Bernd, komt bijna elke dag langs om bij Jens op het strand te liggen. Jens vindt het eigenlijk vervelend, want het strand is alleen voor de gasten. Hij staat het toe omdat Bernd een vriend van mij is. Jens heeft het niet zo op Bernd. Het is hem opgevallen dat hij nooit rondjes geeft en dat begint anderen ook op te vallen. Mij trouwens ook.

Jens herhaalt de grote verhalen. Bernd herhaalt alleen kleine dingen. Dat is veel vervelender, het is de herhaling van Alexander. Bernds ontzag voor alles wat Frans is komt bijvoorbeeld voortdurend bovendrijven, maar dat kan ik wel waarderen omdat ik zijn ontzag voor Frankrijk deel. Bernd herhaalt nooit zijn levensverhaal, want er is geen levensverhaal om te vertellen. Een spirituele sessie in een Zuid-Amerikaans dorp, een tuktuk-race in Nepal, een concert van Steely Dan in Tokyo en de kat Luna die zijn neusvleugel er bijna af krabde. Alleen maar flarden, losse verhalen, en al zijn verhalen komen uit de laatste paar jaar. Maar daar is hij te oud voor.

Stefan, Michael en Bernd werken twee weken aan een nieuwe motor voor de boot. Alleen Bernd weet niets van motoren, maar hij is aardig in talen en omdat Stefan bijna geen Engels spreekt, is hij onontbeerlijk. Stefan kijkt naar de motor, schudt zijn hoofd en trekt alle kabels eruit. Bernd kraait van plezier. Michael vindt het wel gezellig. Hij herhaalt: 'Kijk ons nou, een Duitser, een Nederlander en een Engelsman, samen aan het werk!'

Er zijn veel problemen, want de kabels die Stefan uit de motor trok zijn niet op het eiland te verkrijgen, dus er moet flink wat geïmproviseerd en ontmanteld worden. Michael haalt een motor uit zijn schuur voor de kabels. Er zit een vogelnestje in. Bernd ontfermt zich erover. Michael en Stefan worstelen zich al gebarend door de rest van de reparatie. Bernd vertaalt steeds minder, hij loopt ongeduldig heen-en-weer over het strand of valt in slaap onder een rots. Soms klauteren kleine krabbetjes over zijn pens, omdat de pens de weg verspert. Bernd merkt er niets van.

Als de motor eenmaal is gemaakt, is Bernd de eerste om aan de bar te vertellen hoe ze de problemen samen hebben opgelost. Michael en Stefan ruimen de spullen op.

Ik weet niet zoveel van motoren, dus ik help Jens door bananenbomen met een machete te lijf te gaan of hem te helpen met een nieuwe cocktail voor op de kaart. We worden het maar niet eens over de verhouding wodka en gin in een aloë-veracocktail. Jens is sowieso niet zo een fan van aloë-verasap.

Hij wijst naar de cocktail en zegt: 'Het lijkt wel alsof er stukjes tandvlees in drijven. Dat kan ik niet verkopen.'

De cocktail is goddelijk.

Ik draai alleen maar rondjes, van bar naar bar. Alsof mijn barkruk een zwart gat is waar ik maar niet in verdwijn. Het komt me veel te bekend voor. De rondjes worden kleiner, dat wel, maar meestal blijf ik bij Jens aan de bar zitten.

Ik voel me welkom op Siquijor. Jens heeft me zelfs een stukje land laten zien dat te koop staat, niet aan het strand, maar met uitzicht erop. Er groeien mangobomen en er is een stukje rots waar ik een terras van zou kunnen maken, met de boor van Jens en wat beton.

Ik realiseer me dat ik te jong ben voor dit eiland, de meeste westerlingen zijn ver over de zestig. Eigenlijk hoor ik er niet bij, maar toch word ik elke avond aan de bar weer welkom geheten als de verloren zoon van het eiland. Een enkele keer, als ik 's avonds in mijn huisje blijf om naar Siquijor 1 te kijken, betrap ik me erop dat ik me voorstel hoe ze aan de bar elkaar vragen wat ik op het eiland doe en waarom ik niet vertrek om de rest van Azië te ontdekken.

De ouders van oom Bobby en oom Ronnie overleefden de concentratiekampen en zijn daarna altijd in hotels blijven wonen, voor de zekerheid. Als ik bij het eiland wil horen, dan heb ik een eigen plekje nodig.

Beer en ik zaten weleens bij Alexander in het café en klaagden over zijn eetpatroon. Soms nuttigde hij niet meer dan een portie ossenworst en een paar biertjes per dag. Ik probeerde hem mee te krijgen naar een fatsoenlijk restaurant, alsof ik niet wist dat hij er eigenlijk geen geld meer voor had. Wanneer dat niet lukte, dwong Beer hem een tosti te bestellen.

'Maak je om mij alsjeblieft geen zorgen.' Zei hij.

Maar hij bedoelde: 'Laat me maar.'

Lind zegt altijd dat ik de bescheidenheid van mijn

vader heb, maar ik denk dat het trots is. De trots is ook in mij gevaren, lang geleden. Het is een trots die siert en sloopt tegelijk. Die trots houdt me hier, en alleen. Ik wil nooit meer terug naar Amsterdam.

Jens organiseert een disco op een kerkpleintje. Hij heeft voor de locatie en de muziek gezorgd, dus ik moet ook iets doen.

Jens heeft een soort *jetpack* met twee tanks voor me gemaakt. In de linkerhelft zit Tanduay-rum en in de rechterhelft cola. In mijn hand heb ik twee slangetjes met kraantjes aan het eind. Juvelin rent voor me uit met plastic bekertjes. Ze werkt voor Jens in de keuken. Ze is achttien, maar heeft al een kind. Ze is de enige die hamburgers mag bakken als Jens er niet is. Soms bakt ze mijn hamburger te lang en dan zeg ik er wat van tegen Jens.

De kinderen mogen alleen uit de rechterhelft van de jetpack, de volwassenen uit allebei. Juvelin springt voor me uit. Ze draagt een piepklein rugzakje in de vorm van een konijn. We zijn een goed team.

Op een zondag, toen ze vrij was, gingen we samen naar een grot. We kregen helmen en een rondleiding. Zij was op blote voeten en ik op slippers. Ze was sneller dan ik, maar tijdens de weg terug greep ze mijn hand en liet niet meer los. Ze noemt me '*drunkard*' omdat ze me een keer dronken zag. Ze weet dat ik het verschrikkelijk vind als ze me zo noemt, daarom gaat ze ermee door. Als ze me zo noemt, steekt ze haar tong uit, het is net een aardbeitje.

Juvelin en ik gaan te snel door de cola. Jens leegt zo nu en dan nog een fles in een van mijn buizen, maar hij weet niet meer of de rum nou links of rechts moet. Er zijn genoeg plastic bekertjes. Ik loop achter met schenken. De bekertjes wachten op me, maar de kraantjes glijden steeds van de slangetjes, en de rumcola klettert langs mijn benen. Juvelin trekt me de dansvloer op om de rode mieren, die mijn spoor hebben gevonden, af te schudden.

Bernd staat midden in een cirkel. Hij danst wijdbeens, een soort tango.

Juvelin schreeuwt: '*Dance, drunkard, dance!*' Er zitten geen doppen meer op mijn jetpack, het klotst over iedereen in mijn cirkel. Een jongetje maakt breakdanceachtige gebaren naar me. Ik zoek naar vuurvliegjes in een jetpack.

Juvelin voert me Tanduay. Ze blijft roepen dat ik een *drunkard* ben en moet dansen. Ik blijf roepen dat ik geen drunkard ben en niet dans vanwege mijn jetpack. Ik buig me voorover om haar te zoenen, maar ze duwt me weg omdat ze wil dansen.

Juvelin kent een plek waar heel veel vuurvliegjes zitten, ze belooft me altijd er een keer naartoe te gaan. De dj zet Michael Jackson op.

Thuis in Amsterdam, als ik op een feestje was, leek iedereen opeens te veranderen in harde dansende poppen met grote ogen en geheime tanden in de aanslag. Ik kon alleen nog staan, midden op de dansvloer, als een stokstaartje, in afwachting van het juiste moment om ongezien naar huis te vluchten. Overal om mij heen was liefde, maar ik zag en voelde alleen de angst.

Zo snel mogelijk zocht ik een weg naar buiten en zei niemand gedag. Onderweg naar huis, op de fiets, leek het alsof ik vloog. Naar huis, naar mezelf. Ik vluchtte voor de groep, de vriendschap, de liefde, dat wist ik. Natuurlijk wist ik dat ik ze allemaal zou verliezen. Ik wist wat ik deed: ik was ze te snel af, ik versloeg ze in verliezen.

Het is bijna licht als ik Juvelin beloof haar naar huis te brengen op de motor. Ze woont een paar meter bij het feest vandaan, maar ik sta erop dat ik een heer en geen drunkard ben.

Bij haar huis weiger ik te stoppen, want ze moet me eerst de vuurvliegjes laten zien. Juvelin stribbelt flauwtjes tegen, maar ze is te moe en vertrouwt me.

Ik wil haar vragen waar de vuurvliegjes zijn, maar realiseer me dat ik ze al overal zie, langs het strand, ze hangen rondom de mangroven in de zee. Het is al bijna helemaal licht, maar nog zijn ze goed zien.

Alexander zei dat hij verdwaald was op een eiland,

en dat de vuurvliegjes hem de weg wezen. Maar op een eiland kan je helemaal niet verdwalen. Het ging helemaal niet om de vuurvliegjes.

Ik moet hardop lachen. We rijden het hele eiland over, we maken de horizon rond.

Ik vertel Juvelin over mijn plannen om hier een huisje te kopen en zing haar in slaap met liedjes van Laurel & Hardy. Ik laat het slapende meisje het eiland zien waar ze vandaan komt. Ze hangt om mijn rug als het konijnentasje dat ze draagt.

Hoe verdwaal je op een eiland? Ik stel me een stuk land voor dat, als je eromheen probeert te rijden, steeds weer nieuwe baaien heeft. Een eiland waar je niet omheen kan.

Ik ben hier nu twee maanden. Hoe het zo is gekomen weet ik niet, maar opeens ben ik geen toerist meer. Ik hoor erbij.

Mijn bungalow wordt niet meer schoongemaakt en ik krijg elke dag het dagmenu, zonder te bestellen. Ik heb een vaste plek aan de bar. Bij de lunch laat ik Juvelin weten hoe laat ik die avond wil eten. Ze heeft een keer zee-egels voor me klaargemaakt, ik gaf over in de zee toen we daarna gingen zwemmen. Juvelin kwam niet meer bij. De week daarop maakte ze elke dag hamburgers voor me. Ze steekt haar tong niet meer naar me uit. Ze zorgen goed voor me, hier, maar soms vergeten ze dat ik een gast ben en dan mis ik Amsterdam.

Het was een plan van Jens. Op een avond zaten we op het strand om te barbecueën. Michael en Stefan waren er, Craig en drie Amerikanen, oude vrienden uit het leger, Navy SEALS. Bernd zou de kooltjes komen brengen voor de barbecue, maar hij kwam niet opdagen. Waarschijnlijk was hij in slaap gevallen met zijn koptelefoon. Ook zonder kolen werd het een geweldige nacht. Jens zat op zijn praatstoel en betrok me voortdurend bij zijn verhalen, al was ik er in de meeste gevallen niet bij geweest.

Toen Jens een van zijn verhalen onder luid gelach had afgerond, begon hij over Bernd. Hij zei dat hij hem zat was. Iedereen bleek hem zat te zijn. Ze vroegen me waarom ik hem had meegenomen. Wat ik in hem zag. Maar ik kon ze niets geven. Ik zei dat hij kon genieten als de beste, maar Jens wees op de zee en riep dat daar op een eiland als dit geen kunst aan was.

'Hij neemt.' Zei Michael.

'Hij zweeft.' Zei Stefan.

'Hij lijkt op Jeff Bridges. Hij hoort hier niet.' Concludeerde Jens.

Craig en de anderen waren het ermee eens. Ik probeerde Bernd nog te redden, door een lans voor Jeff Bridges te breken, maar er werd besloten dat Bernd vertrekken moest.

Het was een simpel plan: ik zou Bernd meenemen op een ritje rond het eiland. In de tussentijd zou Jens zijn spullen pakken. Op de terugweg zou ik zeggen dat ik even langs de pier moest om kaartjes voor de boot te halen, waar Jens inmiddels het hele dorp zou hebben verzameld om hem uit te zwaaien. We zouden er een ongepland-afscheid-afscheidsfeest van maken, zo hartverwarmend dat beleefdheid Bernd zou verbieden om tegen te stribbelen.

Het ongeplande-afscheid-afscheidsfeest. Ik moet toegeven dat ik het een mooi plan vond.

Het was niet makkelijk Bernd mee te krijgen voor een rit over het eiland. Hij zat aan de bar als een gapende pad. Er was geen beweging in te krijgen. Pas toen ik hem *pork-barbecue* voor de lunch beloofde, begon hij te aarzelen. Hij klaagde dat hij zijn motorpet met flapjes kwijt was, maar ik was onverbiddelijk en vond zijn pet voor hem. Ik reed voorop.

Langs de rondweg van het eiland staan stenen *tanuki's* die de Japanners er hebben achtergelaten. Tanuki's zijn wasberen, Bernd heeft me erover verteld. In Japanse folklore halen tanuki's grappen uit met mensen door van gedaante te wisselen. Ze hebben ballen die ze heel groot kunnen maken om te gebruiken als trommel of zich mee te beschermen. Bernd en ik wuifden naar ze. We sloegen er geen over, alsof we alleen in het volgende level zouden komen als we naar alle tanuki's hadden gezwaaid. Het kan zijn dat we naar stenen zwaaiden die geen tanuki's waren, maar we namen het zekere voor het onzekere.

Bernd leek op een piloot op een motor en ik op een wielrenner op een motor. We reden langs de mangroven in de zee en gingen langzamer rijden om ernaar te kijken. Bernd nam foto's. Het was een eenzaam gezicht.

Ik begrijp best dat Bernd weg moet. Het is niet heel anders dan toen Alexander niet meer welkom was in zijn cafés. Nu ben ik van het café. Jens is de kastelein en ik werk in de bediening. Bernd geeft nooit rondjes. Hij vlucht de hele wereld over, maar waar hij ook komt, overal is het allang niet meer zoals het eens was. Omdat hij ouder wordt, herkent hij steeds minder van zichzelf in de wereld. Hij is het landen verleerd. Bernd is verdwaald, we wijzen hem de weg.

Hoe zou iemand als Bernd alzheimer krijgen? Waar grijpt iemand die nergens thuis is naar terug? Ik vroeg het aan Jens op de avond dat we het plan bedachten, maar hij keek verstoord en zei dat niet iedereen alzheimer krijgt.

De pier was vol met mensen, eilandbewoners en expats. Jens had iedereen opgetrommeld. Een jongen die ik niet kende liep rond in de jetpack en Juvelin rende voor hem uit met de bekertjes. De jongen zag er nog bleek uit, waarschijnlijk was hij nieuw op het eiland. De Amerikanen waren er, de Zwitsers en de Australiërs, die heb ik nooit echt leren kennen, maar Bernd wel.

Ze waren allemaal gekomen om hem uit te zwaaien, wat Bernd verbaasde. Hij was namelijk helemaal niet van plan om weg te gaan.

Iedereen groette hem als een beroemdheid. De act was zo goed, dat ik me even afvroeg of ze dit vaker deden. De overtuiging van de act had alles weg van een ritueel. Bernd werd al snel zo dronken van de rum uit de jetpack dat hij toen Jens zijn backpack aan hem presenteerde, het ding knuffelde als een oude vriend.

Jens gaf een speech en bedankte Bernd voor alles

wat hij voor het eiland betekend had. Zonder enige moeite duwde het eiland hem als een golf in de boot.

Ik kon niet stoppen met dansen en werd bijna net zo dronken als Bernd. Jens bracht me naar huis. Hij zei dat hij trots op me was. Ik had Bernd geen gedag gezegd. Pas dagen later haalde ik mijn motor op.

Ongeveer een week na het vertrek van Bernd kwam Rommel. Hij zat gewoon aan de bar bij Jens toen ik die ochtend van mijn rots kwam, alsof hij op me zat te wachten.

Op zijn gezicht was geen verbazing af te lezen toen hij me zag, maar toch zei hij dat hij niet had verwacht dat ik nog op het eiland zou zijn. Ik loog dat ik op hem gewacht had, maar zodra ik het had gezegd was ik er niet meer zo zeker van dat het een leugen was. Er was iets onmiskenbaar gereserveerds aan de manier waarop we elkaar weer ontmoetten. Gereserveerd, maar toch ontspannen. Plechtig, maar toch luchtig. Die sfeer is blijven hangen.

Het gaat goed met de bagels, zegt Rommel. Azië wil

geen noodles meer, het wil brood. Over twee maanden gaat het restaurant in Manila open.

Sinds Rommel er is, houd ik me alleen nog met hem bezig. We groeten Jens beleefd als we langs hem rijden, maar we gaan niet samen drinken. Alsof ik iemand anders ben geworden nu Rommel er is, en me schaam over hoe alleen ik eigenlijk was. Jens lijkt het niet erg te vinden, hij heeft klusjes zat. Bovendien hoeft hij me niet meer te overtuigen om te blijven.

We verkennen alle bergweggetjes van het eiland, Rommel wil niet stilzitten. Ik laat hem het stukje land zien dat Jens me heeft aangeboden. Rommel weet veel meer van bouwen dan ik, hij rekent voor me uit hoeveel beton ik ongeveer nodig heb, het is veel meer dan Jens me beloofde.

Het blijkt trouwens nog verdomd moeilijk te zijn een stukje land op Siquijor te kopen. Dat heeft met erfrecht te maken. Het zou makkelijker gaan als ik met een Filipijnse was getrouwd, laat Jens zich soms ontvallen. Ik weet dat hij me het liefst met Juvelin zou zien, Juvelin zelf ziet dat misschien ook het liefst. Maar het is alsof, elke keer als ik me ons samen probeer voor te stellen, de stappen die dat mogelijk maken in mijn hoofd ontbreken. Misschien komt dat nog wel.

Er is iets aan Rommel wat me aan Beer doet denken, maar ik weet niet precies wat het is. Voortdurend borduren we plannen.

Aan het bagelrestaurant is niet zo veel meer te doen, het is al veel te echt. Het soeprestaurant staat echter nog in de kinderschoenen. In principe is het soeprestaurant een lange tunnel, zoals een waterglijbaan. De soep stroomt er als een rivier doorheen. Aan weerszijden van de rivier zitten families, het moet echt een familierestaurant worden. Bij de bron is de soep nog goed gevuld, met garnalen en zeldzame paddenstoelen. Hoe dichter je bij de bron eet, hoe duurder het restaurant is. Net zoals in het bagelrestaurant zitten de rijken het hoogst, ze kijken uit over de wereld. Wat het soeprestaurant onderscheidt van het bagelrestaurant is wat wij het 'bouillonprincipe' noemen: hoe langer bouillon staat, hoe lekkerder het wordt. Dat betekent dat, voor wie helemaal onderaan de soepketen zit, de soep het lekkerst is. Kreeft voor de rijken, kreeftenbouillon voor de armen.

Rommel bestudeert het principe van fonteinen. Ik denk na over een gezellige en hygiënische manier om uit de soeprivier te eten. Hij doet de techniek, ik het ontwerp.

Alleen lukt het me maar niet indruk te maken op Rommel. Wat ik ook voorstel, in elke schets vindt hij een technisch probleem waarmee hij me opnieuw naar de tekentafel stuurt. Soms ben ik bang dat hij zich realiseert dat hij zijn tijd verdoet en teruggaat naar Manila. Het is alsof de tijd die we doorbrengen geleende tijd is. Het maakt me stuntelig.

We gaan de vriend van Rommel opzoeken. Hij heet I.D. Geruda. Ik had niet verwacht dat de vriend over wie Rommel in het vliegtuig sprak I.D. Geruda zou zijn. Geruda is beroemd op Siquijor. Sommige van zijn gedichtjes over zelfontdekking hangen in de resorts achter de bar, de letters uit een tropisch stuk hout gesneden. Achter de bar bij Jens hangt het bordje met de tekst: '*If you can't find it in your body, you won't find it anywhere else.*' Niemand weet wat het betekent. Bij gebrek aan beter wijzen we naar het bordje als iemand zijn aansteker kwijt is.

Rommel en Geruda kennen elkaar van een meditatieweek in Thailand. Hoewel ze tijdens die week niet mochten praten, werden ze toch vrienden.

Ik had niet verwacht dat Rommel spiritueel is, hij is soms zo onverbiddelijk. Niet dat hij onverbiddelijke dingen doet, hij doet niet echt iets, hij is minzaam beleefd en zuinig met zijn woorden. Zijn onafhankelijkheid is onverbiddelijk. Hij vindt dat ik mijn tijd verdoe en gelooft niet dat ik van Siquijor ben gaan houden. Eerst probeerde ik het nog te bewijzen, maar dat maakte mijn claim alleen maar ongeloofwaardiger.

Voor Rommel is het bagelrestaurant alles, voor mij is het een spel.

Rommel probeert mijn wereld weer open te peuteren. Ik ben hem niet dankbaar, eigenlijk neem ik het hem een beetje kwalijk, want ik zou het zelf moeten doen. Straks is Rommel weg en dan land ik weer veilig op mijn barkruk. Misschien moet ik gewoon met Rommel terug naar Manila en dan naar huis, denk ik weleens. Gaan of Blijven. Ik kies niet, want het is dom een keuze te maken als de uitkomsten niet verschillen, dat is niet eens een keuze.

I.D. Geruda woont in Pungtod, een hippiedorpje in de bergen van het eiland. Jens zegt dat er vroeger hippies kwamen, maar nu komen er vooral toeristen om naar de hippies te kijken. De hippies verhuren brommers aan toeristen die door het dorpje rijden om te zien hoe de hippies brommers verhuren aan toeristen. Volgens Jens zijn het eigenlijk allang geen hippies meer. Tegenover Jens haalde ik graag mijn neus over ze op, omdat hij niet van hippies houdt, dus ik meed Pungtod.

Pungtod ligt in een deel van Siquijor waar ik nog niet geweest ben. Tot Rommel kwam, bleef ik altijd bij de kust. Soms reed ik een rondje om het eiland, tegen de klok in. De steile wegen die aan mijn linkerhand uit de bergen kwamen reed ik voorbij. Het was een beetje zoals met de restaurants in Hong Kong: telkens als ik besloot af te slaan, was ik er allang voorbij.

Rommel en ik weten niet precies waar I.D. Geruda woont, maar in een van zijn dichtbundeltjes, *The Siquijor Poems*, dat Rommel heeft meegenomen, staat dat zijn uitgever, Green Lotus Press, ook in Pungtod zit. We besluiten het via de uitgever te proberen.

Rommel en ik rijden om en om voorop. Soms raak ik achter, maar zodra Rommel het merkt, remt hij om me weer voor te laten. Kinderen rennen voortdurend naar de weg om ons te begroeten. We knikken ze toe.

In Pungtod is alles vernoemd naar Green Lotus. We vinden Green Lotus Massage en een kortingsbon van Green Lotus Super Reliable Bike Rental. Bij een stalletje waar colaflessen benzine worden verkocht haalt Rommel bitterzoetzure pruimensnoepjes. Ik proef er een, maar moet er zachtjes van stuiptrekken. Het is vast een grappig gezicht, want Rommel moet er hard om lachen. Het is de eerste keer dat ik Rommel zie lachen.

Rommel vraagt de man van het stalletje of hij I.D. Geruda kent. Hij vraagt het in het Engels, Rommel praat ook Engels tegen zijn landgenoten, met een nadrukkelijk Amerikaans accent. De pompbediende geeft ons een flyertje waarop staat 'Bar Geruda'. Op de achterkant staat '*Free beer when Geruda is here.*'

Bar Geruda is niet ver van het stalletje, het is een half overdekte structuur van bamboe. In een hoek liggen Amerikanen in hangmatten met hun Filipijnse vriendinnetjes.

Rommel loopt meteen naar de bar, waar een magere blanke man achter zit. Hij heeft een grote kale plek, midden op zijn hoofd, maar eromheen groeit nog een dikke bos wit kroeshaar dat alle kanten op staat.

Als hij Rommel herkent moet hij luid lachen. Ze omhelzen elkaar over de bar heen. De muren zijn behangen met houten bordjes waarop de spreuken van I.D. Geruda prijken, en met verbleekte foto's van avonden waar je bij had moeten zijn.

Rommel en ik drinken mangosap met I.D. Geruda. Geruda zegt dat in het dorp een Australiër woont die geen mangosap drinkt omdat hij er het punt niet van inziet. Dan neemt hij ons mee langs de verbleekte foto's en vertelt waarom we erbij hadden moeten zijn.

Rommel vertelt hem over de bagelketen. Geruda moet er niet om lachen, maar luistert aandachtig. Ik ken het verhaal al, dus ik gluur naar de vriendinnetjes van de Amerikanen. Hun bovenarmen zien eruit alsof ze heerlijk koel zijn. Als de Amerikanen even niet kijken, wens ik stilletjes dat ik mijn wangen in hun bovenarmen begraaf.

Ook Rommel herhaalt zich. Iedereen herhaalt zich. Als Rommel klaar is, vertel ik ze het verhaal van het vertrek van Bernd. Rommel moet lachen, hij kan zich Bernd nog wel herinneren. Geruda sluit zijn ogen en giechelt achter zijn oogleden, alsof hij het verhaal al kent, maar er niet genoeg van kan krijgen omdat het zijn lievelingsverhaal is. Hij zegt dat hij bijna nooit meer bij de resorts komt.

Dan vertelt hij dat het eiland nooit echt is veranderd en ook nooit zal veranderen, want de stranden zijn te smal voor massatoerisme. Voortdurend laten we lange stiltes vallen, maar het is niet beklemmend. Alsof we drie zakenpartners zijn die elkaar jaren niet hebben gezien omdat het goed gaat met de zaken en we niets te bespreken hebben. We lezen tevreden de bordjes achter de bar. Geruda vraagt of we ook een bordje willen bedenken. Rommel en ik knikken van ja.

'Jullie moeten wel zelf een zin bedenken, het hoeft natuurlijk niets te betekenen.'

Eerst komen we er niet uit, maar Rommel wordt ongeduldig en stelt voor het half-om-half te doen: ik bedenk het eerste deel, Rommel het tweede.

'If you want spiritual fulfillment, step into bigger shoes.'

We schrijven het op een papiertje en dringen aan voor het hout te betalen, maar Geruda wil er niets van horen.

Als we bij onze motors staan besluit ik nog een keer te proberen antwoord te krijgen op mijn vraag. Ik beschrijf Geruda mijn vader, Alexander, zoals ik hem ken van de foto's uit die tijd, een magere man met een hoog voorhoofd. Hij droeg een donkere ronde zonnebril en een dikke baard. Zo iemand die je meteen mocht. Iemand die vaak zweeg en kleine grapjes maakte wanneer hij sprak. Waarschijnlijk reed hij op een motor, misschien met een trompet of een mondharmonica. Het moet minstens dertig jaar geleden zijn.

Geruda schudt zijn hoofd vrijwel meteen van nee. Om de herinnering te helpen tik ik mezelf nog aan en zeg dat hij mijn vader was. Hij bestudeert me zorgvuldig en krabt nog even nadenkend achter zijn oor, maar misschien doet hij dat uit beleefdheid.

'Dertig jaar geleden waren hier maar twee westerlingen: mijn vrouw en ik. Ik denk niet dat je vader hier ooit is geweest.'

Rommel kijkt me lang aan. Hij kijkt in de zon, maar hij knippert niet. Zijn bruine ogen gloeien rood op.

Ik snap mezelf soms niet. Het was mijn idee om naar de waterval te gaan. We hadden niets meer te doen op het eiland, alleen bij de waterval waren we nog niet geweest. Ik was weer bang dat hij zich zou gaan vervelen.

'Jij gaat eerst.'

Het water is zo blauw, cosmetisch blauw. 'Niet te vertrouwen,' zeggen de meisjes achter de bar. Bernd zei het ook. De bodem is niet te zien. Rommel weet niet wat hij van me vraagt.

'Het heeft geen zin. Ik heb het al eens geprobeerd.'

Het is een mooi moment, op een mooie plek. Springen zou alles verpesten. Springen verpest altijd alles.

'Rimpelend water verstoort het spiegelbeeld,' stond in het favoriete kinderboek van Beer en mij. Rommel wil me helpen, maar hij weet niet wat hij van me vraagt.

'Vroeger had ik een broer, maar hij verdronk. Hij sprong van een rots, samen met een vriend. Ik vraag me af wat ze tegen elkaar hebben gezegd voordat ze sprongen. Ik ben er nooit achter gekomen.'

Rommel reageert niet. Misschien heeft hij door dat ik het nooit echt heb geprobeerd. Misschien vindt hij het een zinloze vraag. In Amsterdam gaf die bekentenis me speelruimte. Compassie die tijd koopt. 'Als je leeft van geleende tijd, dan vliegt de tijd,' zei mijn favoriete rapper. Hij droeg een masker. Ooit moet ik erachter komen wat Beer zei.

'Jij gaat eerst.'

Hij kijkt me niet eens aan. Acht meter naar beneden. Vanaf hoeveel meter wordt het gevaarlijk om te springen? Ik denk dat tien meter de grens is. Ik vraag hem of hij eigenlijk wel kan zwemmen.

'Ik kan goed springen.'

Rommel kan springen, ik kan zwemmen. Samen zijn we Beer. Beer kon heel goed springen en zwemmen.

Rommel neemt me mee, aan de hand, naar de dingen die ik altijd zo slim vermeden heb. Als iemand me vroeg om te zwemmen, zei ik altijd dat ik er niet van hield. Als dat niet genoeg was, dan vertelde ik over Beer en werd ik met rust gelaten aan de waterkant.

Op de plek waar Beer sprong, springen nog steeds mensen. Er is nooit een bord gekomen. Dat was niet nodig, want wat er met Beer gebeurde was een stom ongeluk. Ik heb de plek waar Beer sprong geschilderd, dus ik hoefde er niet zelf naartoe. Wel heb ik een keer een ansichtkaart gezien waar het meer op staat, op de foto ligt het vol trapbootjes. Verder is het precies zoals ik het schilderde, maar dan in spiegelbeeld.

Lind is er wel een keer geweest, ze vertelde dat ze een jongetje zag springen, hij was dik en verbrand. Ze noemde hem de springende rode winegum. Vlak voordat hij het water raakte, trok hij zijn broek even naar beneden, en zijn vriendjes lachten op zijn Frans. Ze vertelde dat ze weg was gerend, omdat het geschater, dat langs de rotsen omhoog kwam gekropen, bijna sadistisch klonk.

Rommel springt. Het ziet er niet uit als springen, het is meer vallen als een druppel.

Het is een mooie dood, vallen als een druppel, alsof je nergens vandaan komt en nergens naartoe gaat. Waardig met de wereld mee. Meedoen. Zo moet ik ook vallen, zonder twijfel.

In het zwembad van het huis in Fayence ging het pierenbad abrupt over in het diepe. Beer en ik speelden dat we nietsvermoedend liepen en dan opeens in de afgrond vielen. Soms hielden we een krant van lucht vast, die ons afleidde van de naderende rand. Als we vielen, dan maaiden we wild met onze armen, als een aap grijpend naar wolkjes die geen houvast boden, of we zakten juist geruisloos naar de bodem als een potlood.

Rommel probeert achter de waterval te zwemmen. Dat zou hij niet moeten doen, er zijn stromen die hem naar de schat kunnen trekken en dan ben ik Rommel kwijt. Maar ik vind de woorden niet. Als ik hem probeer te roepen, rollen er pingpongballen van hout uit mijn mond.

Soms laat Beer me zo in de steek dat het voelt als een bevrijding. Wat kan ik nu nog zijn? Ik was het tegenovergestelde van Beer. Beer was het tegenovergestelde van mij. Na zijn dood kon ik niet meer hetzelfde leven, want dat leidde tot zijn niet meer zijn. Ook kon ik niet het tegenovergestelde leven, dus leven zoals hij, want dat zou leiden tot mijn niet meer zijn. Niet veranderen zou ook betekenen dat Beer niets heeft betekend, alsof hij er nooit is geweest. Hij deed iets drastisch, doodgaan, dus hij dwong mij ook iets drastisch te doen, dat is zeker, dat is het enige wat ik weet.

Doodgaan kan het niet zijn, want het mag niet hetzelfde zijn, ook dat is zeker. Beer kocht weleens dezelfde broek als ik, of dezelfde schoenen. Ik kocht nooit dezelfde broek of schoenen als Beer. Bovendien: doodgaan kan altijd nog. Moet ik worden zoals Beer? Moet ik zijn leven voor hem afmaken? Wat doe ik dan met dat van mij? Altijd heb ik het elke dag maar weer opnieuw beslist.

Rommel is achter de waterval verdwenen. Hij zoekt de schat die ik had moeten zoeken. Of ik nou spring of niet, Rommel is niet degene die gered moet worden.

Is het niet gruwelijker om hem te laten leven?

De gedachte was nooit eerder bij me opgekomen. Wel bij Jens, ik kon het hem eigenlijk niet vergeven. Hij had gelijk.

Alexander ligt in een complexe kribbe voor grote mensen, een structuur van buizen, met in het midden een beetje bed. Zijn buik steekt er nog net boven uit. Vanaf de stoel in de kamer lijkt het op een metropool die tegen een berg aan gebouwd is. De kamer is groot, maar leeg en wit.

Alexander wuift met zijn enige hand die het nog doet naar het kopje water. Ik leg mijn vingers over die van hem en vouw ze om het kopje. Samen dragen we het naar zijn mond. Daar gieten we wat water in. Tijdens het gieten valt hij in slaap. Ik kan het kopje nog net uit zijn hand redden.

Er zit een stukje rozijn in zijn mondhoek, het lijkt op een korst. Zijn lichaam heeft niet door dat hij in slaap is gevallen. De lege hand beweegt van de tafel naar zijn mond, hij neemt slokjes hand. Ik sta op en sluit de iPod aan.

'I've got my trunk all packed and I'm going to leave this town. Goodbye little papa, another man has cut your cherry tree down.'

Hij glimlacht in zijn slaap. De berg die slaapt. De berg was eens een oorlogskind, geboren op een zolder, getogen op suikerbieten. En toen hij verdwaalde, wezen de vuurvliegjes hem de weg. Even lijkt het allemaal een act. Hij mag me niet misleiden.

Hij doet zijn ogen open en staart me aan. Zijn ogen zijn veranderd sinds de laatste keer dat ik hem zag, een paar maanden geleden, het zijn de ogen van een wolfshond, met alleen tegen de pupillen aan nog een klein streepje blauw. De veranderingen gaan sneller nu, alles aan hem verbleekt, verschrompelt, behalve zijn bril. Zijn bril was altijd heilig.

Ik lach de glimlach die ik van Beer heb geleerd. Of eigenlijk: van een foto van Beer. Een beleefde lach, oprecht en gemaakt tegelijk. Als ik niet lach, dan lukt het binden niet. Na een paar minuten heeft Alexander dezelfde lach op zijn gezicht. Onze harten zijn elders, dof en elders.

De vriendelijkheid trekt langzaam uit zijn gezicht en maakt plaats voor hulpeloosheid. Zijn mond gaat wijd open, de rozijn zit nu op zijn tanden. Dan leegt hij zijn longen in mijn gezicht, een oerzucht. Er is nog liefde, maar ook medelijden, het grenst aan iets tussen minachting en afschuw. Ik kom hem redden. Ik ben de Ridder van de Tafelberg.

Vroeger hiéld ik van het onweer in de zomer, meer dan van de zomer zelf. Ik keek ernaar door het raam en soms moest ik stilletjes huilen. Alexander zag me zo een keer, hij keek me zo vreemd aan.

We zitten hoog, op de zesde verdieping. De stad ligt aan onze voeten, maar het uitzicht ligt verscholen achter de muren van de binnenplaats. Ik leg zijn verlamde hand over zijn neus en mond. De nagels hebben dikke ribbels, het zijn de symptomen ergens van, herinner ik me vaag, een gebrek aan iets, maar het maakt niet meer uit. Ik druk de hand langzaam aan, het kussen onder zijn hoofd veert een beetje mee. Zijn andere hand beweegt zich naar zijn hoofd, maar zijn buik is te bol, de hand komt er niet langs. Zijn rechterhand op zijn buik, de linker op zijn mond, het is een absurde pose.

De deur van de kamer gaat open. Ik durf me niet om te draaien, of me te bewegen. Alexander mag zich ook niet bewegen. Ik druk harder op zijn hand, het kussen krijgt geen ruimte meer om terug te duwen. Samen houden we onze adem in. Het nummer op de iPod loopt langzaam af. In de deuropening achter mij is het stil. Op de kamer naast ons wisselt een luide televisie van kanaal.

'De gedachte was nooit eerder bij me opgekomen,' zei ik tegen Jens, toen hij suggereerde wat ik nu doe.

De leugen. De gedachte was al zo vaak bij me opgekomen. Ik kon hem niet vergeven, omdat ik me vanaf het
moment dat hij het zei realiseerde dat het begrijpelijk
zou zijn als ik het deed. En dat wist hij. Dát kon ik hem
niet vergeven.

Zonder om te kijken druk ik de hand nog eenmaal
aan, sta op en verlaat, voor de laatste keer, het huis van
de schil Alexander. De iPod begint weer.

'...*Honolulu baby, where'd you get those eyes. And that
dark complexion, I just idolize. Honolulu baby, where'd you
get that style...*'